中文分级阅读教育丛书

U0603152

中文分级阅读首个学术标准

『鋈阅』标准解读与多维应用

王蕾 编著

ZHONGWEN FENJI YUEDU

SHOUGE XUESHU BIAOZHUN

"LIUYUE" BIAOZHUN JIEDU

YU DUOWEI YINGYONG

上海教育出版社
SHANGHAI EDUCATIONAL
PUBLISHING HOUSE

目录

上篇：
"鎏阅"标准介绍

第一章　标准研制背景

在 2019 年第六届北京国际儿童阅读大会上，教育部人文社会科学研究规划基金项目"分级阅读与儿童文学教育研究"课题组发布了国内中文分级阅读首个学术标准——"鎏阅"分级标准。此标准的发布引起了学术界、出版界与教育界这三个与分级阅读研究息息相关的领域的重视，因为这意味着我们说了多年的分级阅读公信标准的研究终于有了成果，"鎏阅"标准成了我国中文分级阅读首个学术标准。

国内的分级阅读发展与国外的发展轨迹一致，都是出版领域打头阵。早在 2008 年前后，"分级阅读"作为一个出版术语进入国内，随后在出版界引发热烈讨论，甚至被中国出版工作者协会少年儿童读物工作委员会评选为"2009 年中国少儿出版十件大事"之一。当时有关分级阅读的讨论集中在出版界，讨论的焦点为分级标准的科学研制，因为分级阅读的核心是将书与读者进行有效联结，按什么标准来联结就是关键。为什么中文分级阅读首个学术标准时隔这么多年才在 2019 年推出？有如下背景：

一、全民阅读时代推动青少年阅读加速科学化

全民阅读已经多次写进政府工作报告，而全民阅读的重中之重就是推动青少年阅读，要有效推动儿童阅读，就得采用科学的方式，其中分级阅读成了重要思路。国家各项政策性文件对"分级阅读"

一提再提,如 2011 年国务院颁布的《中国儿童发展纲要(2011—2020 年)》明确提出"推广面向儿童的图书分级制";2013 年,中宣部、教育部、国家新闻出版广电总局等五部门联合发布的要求加强少儿出版管理和市场整治的工作通知中也提出"加强对少年儿童阅读的分级指导";2016 年国家新闻出版广电总局发布的《全民阅读"十三五"时期发展规划》指出"借鉴国外阅读能力测试、分级阅读等科学方法,探索建立中国儿童阶梯阅读体系,加快提高我国少年儿童的整体阅读水平"等。国家将全民阅读上升为国家文化战略的同时,非常重视少年儿童阅读推广工作,对已在国际阅读发达地区实践超过百年的分级阅读理念的提倡可以有效加速儿童阅读事业发展步伐。在此背景下,中文分级阅读标准的学术研制具有紧迫性与必要性,只有加强母语分级阅读标准的专业化研究,才能从根本上解决儿童读物"读什么""怎么读""读了如何评价"三大核心阅读教育难题,推动母语阅读教育科学化、体系化。

二、阅读教育现场对分级阅读标准专业化研制提出需求

阅读对儿童毋庸置疑是有价值的,我们要解决的问题是怎样阅读才有价值,也就是阅读教育如何科学开展。阅读教育开展的现场主要集中在学校与家庭中。近年大力提倡海量阅读的全国统编语文教材的使用,以及高考语文对阅读考核的增加,使现今教师和家长对阅读的重视程度非常高。阅读是儿童学习的核心,这一点已经无须再宣传普及。现在的问题是,阅读很重要,那如何做呢? 儿童阅读肯定是以纸质书阅读为主,我们现在的难点不是没书可选,而是海量图书如何选。为孩子选书难,成为教师和家长的"第一阅读教育焦虑"。选好书后如何教,教了如何评价,这是"二难""三难"。

对这些问题的解决,分级阅读都能给出很好的思路,因为分级阅读就是为不同阅读水平的孩子提供相匹配的读物与相对应的指导,选对书,教对方法,阅读自然就有效果。因此,阅读教育急需分级阅读专业化标准的指导。

三、各类分级阅读企业标准需要深入的学术研究做支持

从 2009 年南方报业传媒集团下属南方分级阅读研究中心推出自己的学生阅读水平评价标准与阅读内容选择标准以来,已有多家出版社、文化公司、互联网教育公司等不同类型的企业推出了自己的分级标准。尤其是近年"互联网+教育"的融合思路,让分级阅读成为了新的融资热点,一些互联网教育企业借助新媒体技术,将阅读教育的形式做了互动化设计,对于儿童阅读兴趣的提升有一定帮助,但是分级标准这个关键问题依然是困扰企业的难点。对于这些企业推出的分级标准,社会评价褒贬不一。反对者认为企业做分级阅读标准没有公信力,其目的是推销自己的产品。其实,很多企业自身也意识到通过自己的力量来做分级标准有相当的难度,专业的事还得交给专业的人来做。更何况像分级阅读这一涉及儿童教育、儿童文学、儿童心理、儿童文化等多学科融合的复杂研究领域,更是需要多方学术力量的参与和支持。所以,社会各界对于来自非市场力量的专业研究机构寄予厚望,认为研制专业化、非功利的分级标准才是分级阅读科学开展的出路。

国家对分级阅读的大力提倡,学校与家庭的现实需求,企业开发阅读产品缺乏分级阅读专业理论支持,这些都直接或间接地推动了中文分级阅读学术标准研制工作。同时,青少年阅读在近几年成为全社会教育的重点,分级阅读正在从出版领域"术语"的身份转而

成为基础教育关注的阅读教育范式,逐渐进入儿童教育者研究的范畴。可以说,分级阅读进入教育领域的研究才刚刚开始,并正在成为热点。从这一点来看,我们就能理解,为什么时隔这么多年,分级阅读学术标准才通过教育部课题组的研究得以发布,这是时代发展的需要,也是研究土壤逐渐成熟的表现。

第二章　标准研制依据

一、相关政策依据

2011 年国务院颁布的《中国儿童发展纲要(2011—2020 年)》首次明确提出:"推广面向儿童的图书分级制,为不同年龄儿童提供适合其年龄特点的图书,为儿童家长选择图书提供建议和指导。"2016 年印发的《全民阅读"十三五"时期发展规划》中指出要"加强对少儿阅读规律的研究和运用,科学研究不同年龄、不同群体、不同性别少年儿童的智力、心理、认知能力和特点,借鉴国外阅读能力测试、分级阅读等科学方法,探索建立中国儿童阶梯阅读体系,加快提高我国少年儿童的整体阅读水平"。"鎏阅"标准的研制正是在响应国家相关政策文件。为推动少年儿童阅读科学化、规范化,我国近年发布的《中国儿童发展纲要(2021—2030 年)》《中小学生阅读指导目录(2020 年版)》等重要文件,都不同程度地倡导儿童阅读的分级推进。2023 年 5 月,教育部和国家语委在国家图书馆启动了"全民阅读标准建设工程",工程实施内容之一是通过三年时间,"覆盖不同年龄、不同阅读水平、不同阅读需求,建设中文分级阅读标准"。

二、理论依据

"鎏阅"标准在编制过程中依托多样化理论基础,支撑起儿童分级阅读指导的目标体系,形成指导儿童阅读的有效方法和实践策略。

1."最近发展区"理论

"鎏阅"标准基于维果茨基"最近发展区"理论,充分考虑了儿童的年龄、认知水平、情感发展和社会经验等因素,为不同年龄段的儿童提供了有针对性的阅读指导和建议。"最近发展区"理论指出,儿童在成长过程中存在现有水平和潜在水平两种水平:现有水平是儿童在独立解决问题时表现出的能力,而潜在水平则是在成人的帮助下或与更有能力的同伴合作时表现出的能力。这两种水平之间的差异即为"最近发展区"。

2.皮亚杰认知发展理论

皮亚杰将个体认知发展分为感觉运动阶段(2岁以前)、前运算阶段(2—7岁)、具体运算阶段(7—11岁)、形式运算阶段(11—15岁)。不同的发展阶段有着不同的表现,每个阶段之间也有一定的顺序性,儿童的思维、情感、认知能力会随着年龄的增长发生变化。教育要与儿童的认知发展阶段相适应,教育内容也不应超过儿童的认知发展阶段,否则会影响儿童的创造力发展,儿童也不能真正理解所授内容。因此,要了解儿童不同发展阶段的特点,在把握发展方向的基础上,再通过教学,有方向、有计划、有针对性地发展儿童的智力能力和个性品质,加速儿童的发展。皮亚杰的认知发展理论对"鎏阅"标准研究儿童当前所处的发展阶段、认识儿童思维发展的规律以及影响儿童认知发展的因素有很大的帮助。

第三章 "鋆阅"阅读素养框架新主张[①]

　　提升阅读素养是分级阅读的根本目的,分级标准的研制一定要包含对于阅读素养的系统研究,阅读素养既是分级阅读标准实践的基础,又是推行的目标。因此,儿童阅读素养系统性的框架构建研究非常有必要。数字化技术普及的今天,无论是纸质阅读或数字阅读,都是指从书面语言中提取信息的过程,而阅读素养就是完成阅读所需要的相关能力和阅读过程中的情感、态度、品质,其核心在于阅读能力的培养。阅读素养是儿童学习和成长的基本要素,是儿童完善自我和适应社会的重要基石。在参与阅读活动的过程中,阅读能力发展是基础,个人不断进步是目标,传承历史文化是责任,面向未来社会是要求。因此,"鋆阅"儿童阅读素养框架从人与阅读、人与自我、人与文化和人与社会四个维度出发,将阅读素养的培养划分为阅读能力发展、个人成长、文化底蕴和社会参与四个方面,其中阅读能力发展作为核心内涵,带动其他三个方面的共同发展。阅读素养的四个方面又可以分为基础能力、综合能力、方法技能、情感态度、自主发展、品格养成、文化积淀、情怀培养、格局意识、创新参与、实践应用等 11 个核心素养,这 11 个核心素养又具体细化为多个构成要素及基本要素。这些内容构建出中文儿童阅读素养的系统理论。作为分级阅读培养的理论支持与推行目标,儿童阅读素养理论

---

　　① 本文合作者为毛莉。

是"鋈阅"分级阅读标准的重要组成部分。

一、"鋈阅"儿童阅读素养概述

(一)儿童阅读素养研究背景及意义

阅读素养不仅是提升国民素质、增强国家竞争力的重要基础，更是儿童学习和成长的基本要素，为儿童完善自我和适应社会奠定基础。随着社会发展，公民阅读水平成为衡量国家文化软实力的重要标志。近年来我国出台系列文件，将全民阅读上升到国家战略高度。而在全民阅读热潮中，如何促进青少年儿童阅读素养的提升成为重中之重。同时，在以核心素养为导向的教育改革中，阅读素养作为学生发展核心素养的关键组成部分，成为学生未来学习生活中必需的核心技能。因此，对于儿童阅读素养的培养及相关研究，已成为必然趋势。

(二)儿童阅读素养的基本概念

阅读简单来说就是从书面语言中提取信息的过程，阅读素养则是完成阅读所需的相关能力和阅读过程中的情感、态度、品质，其核心在于阅读能力的培养。国际上关于阅读素养的研究具有代表性的是国际阅读素养进步研究(PIRLS)项目。2016年，该项目对于阅读素养的定义是"理解和运用社会所需要或个人认为有价值的书面语言的能力，儿童能够从各种文章中建构意义，他们通过阅读来进行学习、参与学校或日常生活中的阅读群体并获得乐趣"。

二、"鎏阅"儿童阅读素养整体框架设计

(一) 儿童阅读素养框架设计依据

1.《中国学生发展核心素养》

《中国学生发展核心素养》于 2016 年发布,明确了学生应具备的适应终身发展和社会发展需要的必备品格和关键能力。核心素养以培养"全面发展的人"为核心,分为文化基础、自主发展、社会参与三个方面,综合表现为人文底蕴、科学精神、学会学习、健康生活、责任担当、实践创新六大素养。儿童阅读素养是核心素养整体发展中的重要组成部分。对于儿童阅读素养体系的构建,应以学生核心素养发展为背景,从文化性、自主性和社会性三个维度出发,参照六大素养,结合阅读自身发展需求。

2. 国际阅读素养进步研究(PIRLS)项目

国际上儿童阅读素养研究与测评的代表就是国际阅读素养进步研究(PIRLS)项目。该测评每五年一次。2016 年的阅读测评中,有一半的测试篇章用于评估学生阅读的文学体验;另一半则用于评估学生是否能利用阅读获取并使用信息。作为儿童阅读素养研究的代表性测试,该项目对于儿童阅读素养的概念界定有参考意义,同时在体系建构上也提供了重要依据,即关注儿童的阅读情感体验,阅读信息的提取、理解与运用。

3.《义务教育语文课程标准(2011 年版)》

在《义务教育语文课程标准(2011 年版)》中,对阅读的总体要求包含让学生"具有独立阅读的能力,学会运用多种阅读方法","有较为丰富的积累和良好的语感,注重情感体验,发展感受和理解的能力"。阅读作为语文教学的主要板块,其重要性毋庸置疑,在注重阅读素养培养的同时,还应加强阅读与其他板块之间的关联程度。

4.儿童阅读能力发展相关研究

阅读素养的核心在于阅读能力的培养,阅读能力是个体进行阅读活动,获得良好阅读效果的重要条件。国际学生评估项目(PISA)将阅读过程细分为提取信息、形成解释、整体感知和作出评价四个阶段。按照阅读过程对阅读能力进行划分,莫雷和冯启德均认为阅读能力包括认读能力、理解能力、评价能力、记忆能力。夏正江提出除本体性阅读能力外,还应包括相关性阅读能力,如朗读能力、查阅工具书能力等。这些研究观点对于儿童阅读素养体系的建构大有助益。

(二) 儿童阅读素养体系设计原则

1. 科学性:立足儿童身心特征

儿童是不断生长发展的生命个体,对于儿童阅读素养的培养,应从儿童本位出发,尊重儿童不同阶段的身心发展特征,充分考虑个体的差异性,为儿童制定符合他们发展特征的素养目标,提供满足儿童发展需要的相关指导。在设计儿童阅读素养体系的过程中,应严格遵循儿童身心发展规律特征。

2. 全面性:促进儿童全面发展

学生核心素养发展的目标,就是将学生培养成适应社会发展的全面个人。作为核心素养框架中的重要组成部分,儿童阅读素养的培养也应以促进儿童全面发展作为培养目标。这就要求阅读素养体系的建构,除了考虑阅读本体相关素养,还应从多维度进行设计,确保实现培养全面发展的个人这一目标。

3. 时代性:满足时代发展需求

社会经济的不断发展对人才的培养不断提出新要求。阅读素养作为个体发展的重要基石,要能满足新时期的人才培养需要,研究过程中应充分考虑时代特征,把握最新教育趋势和教育理念,培养与时俱进的人才。

(三) 儿童阅读素养框架整体概述

1. 四维框架体系

阅读素养是儿童学习和成长的基本要素,是儿童完善自我和适应社会的重要基石。在参与阅读活动的过程中,阅读能力发展是基础,个人不断进步是目标,传承历史文化是责任,面向未来社会是要求。因此本框架从人与阅读、人与自我、人与文化和人与社会四个维度出发,将阅读素养的培养划分为阅读能力发展、个人成长、文化底蕴和社会参与四个方面(图1),其中阅读能力发展作为核心内涵,带动其他三个方面共同发展(图2)。

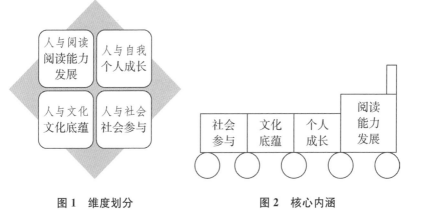

图1 维度划分　　　　图2 核心内涵

2. 完善体系设计

儿童阅读素养框架体系以提高儿童阅读素养为核心,以促进儿童的全面发展为目标,以人的发展四维体系为依托,从阅读能力发展(人与阅读)、个人成长(人与自我)、文化底蕴(人与文化)、社会参

13

与(人与社会)四大领域出发,细化为包含基础能力、综合能力、方法技能、情感态度、自主发展、品格养成、文化积淀、情怀培养、格局意识、创新参与、实践应用等11个核心素养。这些核心素养相互联系、相互促进。儿童阅读素养框架体系的构建最终指向阅读实践活动。为获得更好的实践效果,本体系又将11个核心素养细分为多个构成要素及基本要素。

三、"鎏阅"儿童阅读素养的基本内涵

(一) 人与阅读——阅读能力发展

儿童阅读素养的核心是阅读能力的培养,应贯穿阅读活动的始终,即提取信息、形成解释、整体感知和作出评价的全过程。这就要求儿童应具有大致理解阅读内容的基础能力,深化阅读理解水平的综合能力,以及保证阅读活动流畅进行的相关方法技能。

(1) 基础能力:个人完成阅读所需要的核心能力,包括认知能力和理解能力,保证读者能够完整流畅地阅读,并理解大致内容。

(2) 综合能力:进行综合性阅读活动的必备能力,包括评价能力和运用能力,在完成基本阅读理解的基础上,对阅读内容进行深层次评价及运用。

(3) 方法技能:阅读过程中,阅读者对于阅读需求所采取的处理方式及使用的工具,包括阅读策略和阅读技能,以促进阅读活动更好进行。

(二) 人与自我——个人成长

儿童阅读素养指向儿童的全面发展,要求儿童在进行阅读的过程中,能呈现出积极的情感状态,并对自己的阅读过程进行及时调

控,最终能够通过阅读活动形成正确的价值观念,养成良好的行为品格。

(1)情感态度:包括阅读动机和阅读习惯。指读者个体对于阅读活动的价值判断,决定了个体参与阅读的情感状态及在此过程中所呈现的惯性行为方式。

(2)自主发展:包括自我评估和自主调控。指在阅读过程中有效管理自己的阅读活动,对自己的阅读现状进行自我监测、作出判断并及时调整。

(3)品格养成:包括树立正确的价值观念、健全人格。指通过阅读活动形成正确的、积极向上的价值观念,并能够养成符合道德规范要求的良好个人品格。

(三)人与文化——文化底蕴

文化是个人发展的精神内核,传承文化是每个人的责任。儿童阅读素养的培养、文化底蕴的培养应作为重要的价值追求。儿童通过阅读积累各领域的知识,能对优秀文化产生价值认同,并追求其中的真善美。

(1)文化积淀:在阅读过程中获取、理解和积累各领域知识,并对其中的优秀文化形成认同态度,包括知识积累和文化认同。

(2)情怀培养:在阅读过程中,具有个人阅读情趣,注重对于真善美的体验和追求,包括审美体验和文学情怀。

(四)人与社会——社会参与

社会性是人的根本属性,社会参与则是个人发展的最终目标,强调个人与社会的互动关系。通过阅读可以不断明确个人的社会角色,养成参与社会活动的基本能力,并能运用相关知识解决生活中出现的问题。

（1）格局意识：通过阅读活动明确个人的社会角色，即个人在民族文化传承和国际发展中的角色，明确民族责任，发展国际视野。

（2）创新参与：从阅读活动中发展个人多方面能力，特别是创新思维与相关能力，以适应现代社会要求，包括思维发展和探究水平。

（3）实践应用：包括问题解决和技术运用的能力。在阅读活动以及其他事务中，能够运用现代科学知识及技术解决现实生活问题。

四、"鉴阅"儿童阅读素养框架体系的实践途径

（一）儿童阅读评估测试

在儿童的阅读过程中，阅读评估是必不可少的环节，不同时段的阅读评估所产生的作用不同。阅读前的评估，可以了解儿童阅读水平，为儿童选择更为适合的读物，从而提高读者与读物之间的适应程度。阅读过程中的评估，有助于调控儿童阅读活动，增强儿童的自主阅读能力，保证阅读活动流畅进行。阅读后的评估，是对阅读效果的直接检测，可以帮助儿童反思，发现自身阅读素养培养的提升点。

基于儿童阅读素养框架体系的阅读评估可从以下角度进行设计：第一，阅读评估内容应从人与阅读、人与自我、人与文化、人与社会四个维度进行全面设计。第二，阅读评估形式应根据阅读素养内涵来设计，其中人与阅读和人与自我两个维度量化可测，应以客观题为主，人与文化和人与社会偏重人文性，应以主观题为主。第三，阅读评估环节安排，应从读前、读中、读后三条路径，按照统一的框

架体系落实。第四,呈现阅读评估结果,为读者建立个人阅读档案,将不同阶段的阅读素养诊断报告收纳其中。

（二）儿童阅读课程开展

阅读课程是培养儿童阅读素养的重要途径,受到社会各界的积极关注。就阅读课程的指导理念来看,主要包括群文阅读、整本书阅读、主题阅读等。阅读课程的内容也不尽相同,以儿童文学作品为主体,融入名著导读、教材课文关联阅读等。阅读课程的实践与指导,主要以校内教师教授阅读课程为主。儿童阅读课程的开发与实践正处于积极探索阶段,但主要问题在于课程体系普遍缺乏系统开发,这一问题可以依据阅读素养框架体系来解决。

第一,依据分级阅读理念,根据不同阶段儿童阅读素养发展需求选择阅读课程内容,如字词认知能力培养,低年级段可以学唱带有韵律的儿歌,中年级段学习包含常用字词的故事,高年级段则学习需要联系上下文或借助工具书才能理解字词的文本。第二,根据阅读素养框架体系开展多种途径的阅读课程,相同的阅读目标下阅读课程形式可以为校园课程、家庭课程、线上课程等;阅读课程各部分内容共同指向阅读素养培养目标,阅读评估、阅读课程、阅读报告、阅读指导建议等都按照相同维度来设计。

（三）儿童阅读活动设计

儿童天性向往游戏,而这也是阅读活动中较为缺乏的部分。现有的阅读活动基本以阅读课程互动、阅读故事交流分享、阅读书目推荐、阅读节为主,其中有游戏元素的渗入,但还缺乏形式更丰富的阅读活动设计。儿童阅读素养框架的内涵就在于使儿童爱上阅读,通过阅读全面发展,因此在各项素养的培养上要充分考虑儿童天性来设计活动。

第一,根据阅读素养培养目标设计更为细致的活动。可以针对阅读素养框架中的各个要素设计不同的活动,让活动更具针对性。第二,转变设计思路,采用儿童喜欢的游戏形式,如字词认知,变抄写积累为拼音迷宫;概括能力,变大段总结为填词游戏。第三,将多种元素融入活动设计,如动画观看、有声朗读、图文互译等。

阅读素养是儿童未来适应个人终身发展和社会发展的必备素养,儿童阅读素养框架体系的构建离不开学生核心素养发展的支撑。"鎏阅"阅读素养框架尝试从人与阅读、人与自我、人与文化、人与社会四个维度出发,以阅读能力发展为核心,带动个人成长、文化底蕴和社会参与共同发展,促进儿童的全面发展。该框架体系的构建,将对儿童阅读整体发展产生促进作用。

中篇：
"鎏阅"标准内容

第四章 标准简介

一、"鎏阅"分级标准框架体系构建

2016 年,首都师范大学儿童文学教育研究团队获批教育部人文社会科学规划基金课题——"分级阅读与儿童文学教育研究"。这是国内高校第一个儿童文学分级阅读的国家级学术项目,体现了国家大力提倡分级阅读研究。课题组结合国内数百所研究基地学校的实践,基于三年课题研究的相关成果,就中文分级阅读学术标准的框架给出了具体的设计方案——"鎏阅"分级标准,并就如何将标准落地出版与教育领域,从而真实有效地帮助儿童提高阅读素养开展了多方位的实践工作。

"鎏阅"分级标准主体针对 0—12 岁儿童文学阅读,包含儿童文学读物水平与儿童阅读能力评价水平两方面内容,其中小学阶段读物水平与能力水平均以数字命名,分为 16 级。这里的"级"主要是标准自身阶梯体系的单位名称,同时给出每一级与小学学段设置的关联建议。如 1 级对应小学一年级上学期,2 级对应一年级下学期,3 级对应二年级上学期,4 级对应二年级下学期;5、6 级对应三年级上学期,7、8 级对应三年级下学期,四年级与三年级类似;五、六年级又回到一、二年级的对应方式。之所以三、四年级建议匹配的阅读读物与水平评价级别更多,是因为三、四年级作为小学阶段阅读能力发展的关键期,是帮助儿童从短篇文字作品、桥梁书作品走向整本书章回作品的重要阅读阶段,因此这个阶段儿童的阅读无论是作品提供还是阅读指导都应该更丰富。另外,根据小学阶段儿童阅读能力发展的阶段特点,1—4级为独立阅读早期,5—12级为独立阅读发展期,13—16级为独立阅读流利期,三个不同的时期建议对接的小学学段分别为低、中、高三个学段。

"鉴阅"分级标准学前阶段分为12级,分别以字母A—L命名。按照学前婴幼儿的发展阶段特点,A—F级为早期阅读启蒙期,G—L级为早期阅读发展期。

除了阶段有分类,"鉴阅"标准突破性地将"体裁"引入标准研制中。在小学阶段的16级中,读物标准与能力评价标准都按照儿童文学的五大文类进行了详细说明(由于学前阶段儿童阅读内容以绘本为主,分级标准在内容上不进行文类细分)。童话、诗歌、散文、小说、绘本是目前儿童文学课内外阅读最重要的五大文类,占到了小学阶段儿童阅读类型的95%。统编小学语文教材非常强调按文体进行不同阅读课型的教学,针对的也是文体意识薄弱这个一直存在于小学阅读教育中的突出问题。不同文类有其自身的行文特点,如绘本强调文字和图画的结合阅读;童话强调幻想思维;诗歌突出韵律节奏意识;散文讲究真情实感的"形散神不散"表达;小说刻意塑造典型人物、典型事件。不同文类不可能按照统一标准来进行读物水平与能力水平的评估。比如篇幅长短通常是分级标准拟定的重要指标,但诗歌形式上就是分行行文,篇幅较短;散文即便是长篇大论,通常也不过数千字,篇幅跟童话、小说相比也属于"短款";绘本作为一种特殊的读物类型,本身就将不同体裁涵盖其中,比如童话绘本、诗歌绘本、故事绘本、散文绘本等,其篇幅问题就更有意思,无论哪一类体裁的绘本,它的篇幅都不过数十页而已。像童诗、散文、绘本这些短篇幅的儿童文学文类,如何能在篇幅标准上与童话、小说相提并论,统一标准呢?所以,不同的体裁在"鋆阅"标准的分项描述中都有符合其特点的说明。

　　以童话举例,可从字词、句式、篇章、主题、形式、情节、人物等七个维度区分读物水平,每个维度都从童话自身特点出发详细地说明阶梯分级。在童话内部体系中来对字词多少进行篇幅说明,这样对篇幅长短的阅读理解影响研究才是有针对性的。再如,童话的情节有幻想的特征,从1级的简单童话三段式情节,到16级的幻想与现实平行或交叉的双线情节,"鋆阅"标准阶梯式呈现了童话"幻想"的特点。从童话的读物水平分级到阅读能力评价水平的分级,形成了相辅相成的联结体系。童话的阅读能力评价水平分级标准分为认知、理解、运用、评价、方法技能与情感态度六个维度,每一个都关联童话读物水平的分级,如认知维度分为字词认知与文本认知,直接对接读物水平的字词、句式两个方面;理解维度对接读物水平的篇章、主题两个方面;运用维度对接读物水平的情节维度;等等。读物水平与阅读能力评价水平的联结体系设计,能让读物与儿童阅读能力培养一一对应,呈双线阶梯方式,用合适的读物提供适宜的指导,循序渐进地培养儿童的阅读素养。

　　分级阅读虽然最开始是作为一个出版术语进入国内的,但出版只是它整个体系中读物的呈现方式,分级阅读实质是一个教育范式,是关乎阅读教育的一个科学模式,所以说到底,它从根本上要解决的问题不是帮助出版社推广出版物,而是要让儿童在这个阶梯化的科学体系中提升阅读素养。

二、"鋆阅"分级标准特点简述

"鋆阅"标准作为国内中文分级阅读首个学术标准,研究人员来自非企业的学术单位,但课题组强调的特点并非学术性,而是基于学术研究之上的实践应用性。分级阅读的目的在于根据儿童的阅读水平为其提供相匹配的读物与阅读指导,读物作为阅读资源只是一方面,重要的是从这些读物出发而形成的阅读指导。"鎏阅"标准研究与推广的核心理念就是运用中文分级阅读体系教育儿童,尊重每一个孩子阅读水平的差异,让每个孩子从适宜的读物与指导中学会阅读,真正爱上阅读,从而实现海量阅读,终身阅读。因此,"鎏阅"的制订不能止步于学术层面,而是要将学术标准实际应用到阅读教育的现场——学校与家庭。具体而言,"鎏阅"分级标准有以下特点:

一是标准以阅读水平差异为基础。"鎏阅"标准划分的"级"并不完全等同于"年级",这里的"级"是标准内部体系的划分单位,但是每一级也会给出一个小学学段的对应建议,如1级对应小学一年级上学期。标准还有区分级别的测评系统及其运用指导,这样的研究思路便于教育指导者在实际运用时灵活掌握。一般而言,儿童的阅读能力发展跟年龄有很大关系,什么年龄读什么书,是一个大致正确的观点。但是,我们还要看到,同一个年龄段的儿童,因为阅读基础的不同,也会产生一定的水平差异。比如,一个三岁就开始大量听读长篇章回故事的幼儿,他的阅读理解水平应该高于同龄人。如果这样的孩子进入小学一年级时,还是按部就班从1级读物开始,并按1级能力水平来评估他的发展,显然,这种阅读指导对于这个孩子而言不太适宜。因此,分级阅读绝不完全等同于分龄阅读,年龄只是这个"级"阶梯推进的一个参考因素。有了这样的分级意识,我们就能在实践运用时根据孩子的情况灵活把握。当然,这是以科学"前测"为基础的。"鎏阅"分级体系包含前测与后测的测评系统,旨在帮助教育者从每个孩子的阅读水平差异出发,灵活运用分级教学。

二是标准开创性地将体裁引入分类描述,解决了阅读不同文本与指导差异性的现实问题。以往很多标准会用笼统的文字描述分级内容,而"鎏阅"针对阅读现实需求,把读物的分级与阅读水平评估分级均按照阅读资源的文类来区分。比如童话的读物标准与诗歌的读物标准自然会根据自身行文的差异,形成不同的级别阶梯,而其阅读水平的评估也会根据文体的差异有所不同。童话强调幻想思维的培养,而诗歌突出韵律节奏的感受。如果将二者混在一起,儿童阅读学习时就容易混淆,导致很多学生读到大学,还是说不清何谓四大文体。

三是标准突出体现汉语语言与应用的特点,在分级细则上区别于英语分级体系。分级阅读源于欧美,发展至今已超过百年。英语体系的分级阅读在框架构建、内容资源的出版、教育运用等方面有很多值得我们借鉴的地方,但是中文分级阅读最重要的目标是培养我们的儿童建立对母语文化的热爱。因此,中文分级阅读标准首先要从我们自己文化的角度来进行研制。比如"鎏阅"分级标准给出的1—16级对应小学的学段建议,就是从母语学习开展的实际情况出发。再如,中文分级标准研究要以本土原创作品为研究样本主体,才能在字词、句式、篇章等方面给出符合实际母语学习的适宜标准。

四是标准强调人工分析为主。"鎏阅"标准的研制团队以高校学者、教研员与一线教师为主体,研究过程以人工分析为主,机器分析为辅助手段。美国的蓝思分级就以量化的可读性公式著称,但是中文分级阅读不是简单套用一个字词、句式长短的公式就能完成分级,因为汉语文字中篇幅有时候并非分级的必需维度。如散文中的杂文,篇幅虽短,言简意赅,但理解文字背后的含义需要一定的生活阅历。

五是标准强调在实际阅读教育现场的落地使用。分级阅读的实质是一个教育理念,"鋆阅"标准研制首先依托大量课题学校实践,研制人员团队包括教研员与一线教师等实践型专家。这些实践因素从一开始就保证了"鋆阅"分级标准的实践性质,而不是仅仅依靠学者的理论推理。研制的标准反过来指导阅读教育现场,并通过不断的实践对标准进行修订、改进。

第五章　标准的学术联结

　　"鎏阅"标准是国内首次从学术层面构建的中文分级阅读体系,给出了儿童读物与阅读能力划分的客观标准与依据。在"鎏阅"标准基础上,国家新闻出版署的《3—8岁儿童分级阅读指导》行业标准、《3—8岁儿童阅读能力评估》行业标准,中国书刊发行业协会、中国教育装备行业协会联合研制的《3—8岁儿童分级阅读指导》团体标准也在"鎏阅"标准首次发布后的2020年开始了同步研制。这三个标准①是"鎏阅"标准的主要学术联结对象,研制的思路高度一致。

　　2020年3月,中国书刊发行业协会与中国教育装备行业协会在北京举办了全国少年儿童分级阅读标准研制工作座谈会。会议重点讨论《3—8岁儿童分级阅读指导》行标立项情况,并研讨了国内外少年儿童阅读研究现状和中文分级阅读标准研制的相关内容。《3—8岁儿童分级阅读指导》行标是经国家新闻出版署批准立项,归口全国出版物发行标准化技术委员会,由中国书刊发行业协会牵头起草,中国教育装备行业协会学校图书装备分会、北京师范大学出版社联合编制,多家出版发行单位参与的分级阅读行业标准。此次会议标志着全国少年儿童分级阅读标准行标研制工作正式启动。

---

　　①　三个标准研制的首席专家均为"鎏阅"标准主持人、首都师范大学教授王蕾。

2021年4月1日,中国首个儿童分级阅读行标宣介会在北京图书订货会上举行。行标编制以《3—6岁儿童学习与发展指南》《幼儿园教育指导纲要(试行)》《义务教育语文课程标准(2011年版)》为政策依据,参考了其中关于儿童学习与发展的具体内容,结合了儿童的身心发展规律,同时广泛借鉴吸收了儿童发展心理学、教育心理学、教育目标分类学、儿童绘画理论等学术领域的理论经验和研究成果。《3—8岁儿童分级阅读指导》行标是我国第一个中文分级阅读行业标准,贯彻落实了《中国儿童发展纲要(2011—2020年)》《全民阅读"十三五"时期发展规划》中关于探索建立中国儿童分级阅读体系的要求。它根据3—8岁儿童的身心发展规律,提出儿童读物的分级要素和分级特征,为出版发行机构的图书编写和分级供应工作提供标准化依据。《3—8岁儿童分级阅读指导》行标主要包括"图书分级"和"儿童阅读能力分级指导"两部分内容。一方面,基于3—8岁儿童在不同领域的发展特点,分析儿童图画书的种类、内容、形式,针对图画书的分级需求编制儿童读物分级要素和分级特征。另一方面,《3—8岁儿童分级阅读指导》行标在附录中给出了3—8岁儿童的阅读能力指导目标。基于本年龄段儿童阅读常规水平,描述常规水平儿童通过教育指导干预所能达到的目标,旨在为教师教学设计提供科学化指导,使教师更具针对性地开展教学活动。2021年7月,在第30届全国书博会上,中国书刊发行业协会与中国教育装备行业协会举办了《3—8岁儿童分级阅读指导》行业标准教育应用指南宣介会,详细地解读了行标在出版、教育领域的运用途径与策略。

2023年2月24日,在北京图书订货会上,《3—8岁儿童分级阅读指导》团体标准正式发布。中国书刊发行业协会、中国教育装备行业协会学校图书装备分会牵头,联合编制了《3—8岁儿童分级阅读指导》团体标准推荐书目。"推荐书目"参考《3—8岁儿童分级阅读指导》团体标准,经过专家团队多方研讨、专业推荐、深入评审多个环节,依据不同阶段的儿童身心发展规律及阅读能力水平,旨在为不同阅读水平的儿童、广大儿童家长及阅读推广工作者提供读物指导,促进少年儿童对优秀读物的关注,提升少年儿童的阅读素养,推进少年儿童阅读科学化、规范化,推动"书香校园"建设。

"推荐书目"邀请有关高校、研究机构、幼儿园、小学等一线教师组建专家团队,根据3—8岁儿童不同时期的心智发展水平、认知理解能力和阅读特点,依照《3—8岁儿童分级阅读指导》团体标准中儿童读物分级特征,从2020年之后出版的适合3—8岁儿童阅读的图画书中精心遴选出160种(个别经典图画书出版时间为2020年之前),涵盖国内知名儿童文学作家原创作品、国内外经典获奖作品。"推荐书目"的研制严格遵循以下原则:分级性原则,精准选取适合不同年龄阶段的图画书,为儿童提供有针对性、科学性的读物,让儿童学会和喜欢阅读;儿童性原则,从儿童本位出发,充分考虑儿童的兴趣爱好,发挥儿童主体作用;本土化原则,坚持以社会主义核心价值观为指导,体现中国特色,弘扬民族精神,中国原创图画书约占书目的60%,内容创新,内涵丰富。

"推荐书目"将3—8岁儿童分为3—4岁、4—5岁、5—6岁、6—7岁、7—8岁五个年龄段,各年龄段的书目包含人文社科、文学、自然科学和艺术四类,统筹考虑了不同阶段儿童对图画、文字、主题等要素的需求,充分体现培养儿童核心素养的目标。其中,人文社科类注重历史沿革、地理风貌、传承中华优秀传统文化等主题,帮助儿童启蒙了解人类文明成果,建立文化自信,培养爱国情怀。文学类既注重国内优秀儿童文学作品,帮助儿童了解儿童文学体裁、形式,激发儿童好奇心,又包含了世界经典获奖作品,开阔儿童的国际视野。自然科学类注重启蒙自然科学知识的科普知识类作品,培养儿童对科学、自然的探索精神。艺术类注重音乐、舞蹈、美术类相关读物,帮助儿童了解中华优秀传统艺术文化,实现艺术审美启蒙。

第六章 标准的学术影响

韬奋基金会第四届理事会理事长、著名出版家聂震宁认为,"鎏阅"标准的 16 级划分科学地把握了从一年级至六年级小学生的身心特点,这让对应的推荐读物起到了很好的阅读效果。

北京师范大学文学院博士生导师、亚洲儿童文学学会副会长王泉根教授认为,此次分级阅读学术标准的发布意义重大,不仅填补了分级阅读标准学术研究的空白,更重要的是标准研制源于教育实践中的问题,未来又将服务于教育实践。这才是分级阅读标准研制最重要的价值,用学术标准推动中国阅读教育的科学发展。以往的企业标准只是应用于企业产品内容的研发,社会普适度较低。本次发布的学术标准分级内容分门别类,符合儿童阅读现状,并且通过一系列的教育应用方式为分级标准的普遍使用提供实施途径。这将极大地促进学术服务社会的现实需求,为中文阅读教育提供基于科学研究的精准指导。

中国版本图书馆(国家版本数据中心)副馆长王志庚认为分级标准应该是体系化的,涉及出版、文学创作、小学教育,也涉及图书馆、教育界等。要为孩子们创造优质的语言文字环境,在这种跨行业、跨系统的最底层要有一套中文分级的规范体系。从此次分级阅读学术标准的发布可以看出课题组做了大量的调查研究,特别是从教育的视角划分现有的出版物,包括对一些新的作品在标准的框架下进行文字优化,都给出了非常好的建设性思路,也具有一定的实践意义。

国际儿童读物联盟原主席张明舟认为该标准不仅仅是学术研究，同时非常注重实践，这样对家长、老师选书、推荐书能起到指导作用，能更好地培养孩子的阅读能力。同时，他认为汉语语言有其自身特点，引进的图书在英语语境中可能适合 5—6 岁的孩子读，但是翻译成汉语后，由于译者的语言水平和倾向，译文对于 5—6 岁的孩子来说，在汉语语境下会变得很难。所以标准的研制一定要充分考虑到母语的应用环境，在这一点上学术分级标准做得很好。

中国书刊发行业协会少年儿童分级阅读标准研制与应用实验室主任常汝吉认为标准强调汉语的表达体系非常重要。现在很多引进的分级标准都是西方语系，汉语有它独有的表达系统和表达方式，从这个角度来说，学术标准强调母语体系至关重要。

下篇：
"鎏阅"标准的多维应用

第七章　标准的小学教育应用[①]

"鋆阅"分级阅读标准不是象牙塔里的学术标准,而是直接从教育现场产生且真正在教育现场——学校落地的标准。根据"鋆阅"分级阅读标准创作的分级阅读实践读本,如"爱悦读"桥梁书·小豆包系列、"童研中文分级阅读"系列、"书香少年文学经典整本书阅读"系列、"面小豆分级阅读树"系列等,在小学不同学段以校本课程的形式得以开发和实施。

一、"鋆阅"分级阅读标准下的中文分级阅读实践读本

中文分级阅读教育的呈现方式之一即分级阅读读本,下面要介绍的读本已成为中文分级阅读教育的代表性分级读物。其创编均以"鋆阅"分级阅读标准为依据,并主要作为学校校本阅读材料使用。"鋆阅"分级标准在学校教育中的运用主要解决阅读教育"教什么""怎么教""教了如何评价"三个核心问题。

(一)"书香少年文学经典整本书阅读"系列

"书香少年文学经典整本书阅读"系列(以下简称"书香少年"系列)以新课标阅读要求和统编语文教材阅读内容为基础,力求为一线教师和不同阶段学生提供一套成体系的分级阅读工具,帮助学生学会阅读策略,养成阅读习惯,使学生学会阅读、爱上阅读。

[①]　本文合作者为孙奕驰,王永辉,隗靓艺,王惠笛。

"书香少年"系列根据学生的发展水平和阅读能力进行分级,其突出特点为:第一,所选内容均参考统编版语文教材"快乐读书吧"栏目必读书目,紧贴教材阅读要求,让学生轻松完成新课标的阅读达标量。第二,配以相应阅读指导手册,为学生提供系统化的阅读工具,帮助学生循序渐进地提升阅读素养。第三,采用游戏化的阅读测评,不同游戏模式指向相应阅读素养的测评与学习,让学生的阅读学习更加有趣、高效,使学生真正做到现学现用、活学活用。第四,整体选文作品与助读系统均依靠分级阅读理念,为不同阶段的学生匹配适宜的读物与阅读指导,使阅读教育精准指导每一位学生。阅读学习的关键是要掌握成体系的阅读方法,"书香少年"系列文体丰富,涵盖广泛,为学生提供多样阅读工具,帮助学生学会独立阅读。

（二）"童研中文分级阅读"系列

作为群文阅读学习素材,"童研中文分级阅读"系列与统编语文教材的语文要素及人文主题同步,选材与语文教材的分级难度完全匹配。在教学指导方面,该套分级读物包含详细的教师分级阅读教学设计,很好地运用了"鉴阅"分级阅读指导法中的"文学活动圈"

"提问式阅读""故事地图""教育戏剧阅读法""阅读工具支架法"等,将每组单元教学板块按照红、黄、蓝三个不同的级别设计为不同层次的分级教学指导方案。该套分级读物适合学校用于走班教学的教育模式,以实现真正意义上的分级阅读指导。

（三）"非凡阅读"系列

"非凡阅读"系列共 12 册,每册设定一个适读学期,匹配小学不同学段阅读水平,满足不同阅读需求。

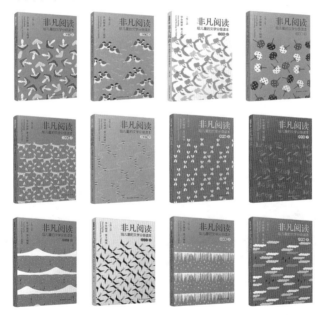

该系列以系统的阅读理论与实践理论为指导,围绕阅读策略、阅读知识及阅读总量三大目标进行设计,使学生通过有计划的阅读行为养成阅读习惯。第一,学生通过作品阅读、解读与指导构建完整阅读学习链。每册内容分为群文单元与整本书阅读单元两大板块,使学生感受一体化的阅读学习体验。第二,学生通过对不同文体的阅读逐步积累阅读知识。每册内容按照文体划分为不同单元,单元导读、作品阅读等使学生掌握不同文体知识,形成完整的阅读知识结构。第三,学生在有趣的阅读游戏系统中掌握阅读策略。全方位调动儿童听、说、读、写的游戏方式,让学生在游戏中习得认知、理解、评价与运用等四大阅读能力。通过"非凡"的阅读体验,掌握系统的阅读方法,学生可以越读越享受,越读越开心。

(四)"爱悦读"桥梁书·小豆包系列

"爱悦读"桥梁书·小豆包系列针对我国中低年级小学生创作,每一册完全按照母语桥梁书阅读理论进行创编。"分级阅读与儿童文学教育研究"课题组的实验表明,汉语类的桥梁书核心特点有:一,文字长短适中,每册的字数在 1 万以内,单篇作品的篇幅为 3000 字左右;二,书里 95%的文字为课标规定的小学一、二年级常用汉字;三,句式以陈述句、一般疑问句等简单句式为主,以对话形式呈现;四,文图比例约为 2∶1,每一张跨页包含两张小图或一张大图;五,版式采用诗歌体,每行不超过 15 个汉字,以便于儿童阅读;六,人物形象类型化,人物关系简单,常采用起因、经过、高潮、圆满结局的故事模式进行叙述。

桥梁书的主要读者为 6—9 岁的儿童,即处于幼儿园大班到小学中低学段的儿童,其思维发展处于具象思维阶段,在阅读时往往喜欢以图画为主的读物,对文字较多的抽象内容比较抵触。"爱悦读"桥梁书·小豆包系列基于学生识字量、语言语法积累,结合阅读游戏编排、读写互通原则等,紧密贴合 6—9 岁儿童的心理认知条件和阅读能力,以接近儿童生活经验的主题、幽默有趣的故事形式,帮助儿童爱上阅读,渐渐适应篇幅较长的文字书,自然而然带领儿童探索更大的阅读世界。

(五)"名校阅读课·主题阅读"分级阅读丛书

该丛书是国内首套区本分级阅读课程读本,系沈阳市皇姑区教育局进行全区校本阅读教学实践的实验读本。丛书共六册,以小学不同年龄阶段儿童的智力和心理发育程度、阅读能力水平为依据,编选众多国内外优秀的原创儿童文学作品,为学生提供了丰富的母语分级阅读读物。读物的选取具有经典性、时代性和传统性,涵盖童年趣事、人与自我、美德故事、人际交往、人与动物、自然地理、科学科幻、爱国爱家等八方面内容。通过不同主题的分级阅读,培养儿童阅读习惯,激发阅读兴趣,开阔阅读视野,引导儿童健康成长,在学习中提升素养,进而营造良好的校园阅读氛围。

（六）"京师幼儿原创绘本分级阅读"系列

该系列通过"提问式阅读"的核心教学法培养儿童面向未来的核心素养，每一册绘本都围绕一个阅读策略的培养展开，系统地对 3—6 岁幼儿进行阅读素养启蒙。该系列汇集了近年国内优秀原创图画书，分为 3 个级别，每个级别又分为上下册，严格按照分级标准进行创作。还配有丰富的融媒体资源，可供幼儿园日常使用，也可供绘本馆或者家庭使用。

（七）"面小豆分级阅读树"系列

"面小豆分级阅读树"是基于"鎏阅"分级标准创作的首套分级原创读物。丛书以面团国里鲜活生动的居民为主角，以童话、故事为主要体裁，适时加入诗歌、寓言等多种创作形式；以小学阶段的孩子为读者对象，融合儿童文学和阅读教育，兼具文学性、可读性和教育功能。首批 20 本图书涵盖"鎏阅"标准小学阶段 1—16 级，内容主题分别为智慧、食物、侦探、阅读、冒险、哲学、历史等，每个故事从认知能力、生活感受、情感培养、审美体验等不同角度来表现不同的主题；根据级别不同，每册故事的字数、句法、语法、情节、人物、结构，以及插图数量、配套阅读游戏、拓展阅读书目、出版形式均呈阶梯变化,并通过导读、游戏、故事地图、阅读问题等形式提示阅读要求,指明阅读方法。

二、"鋆阅"分级阅读标准下的校本阅读课程建构

(一) 低学段校本阅读课程建构——"小豆包桥梁书阅读课程"

作为 2013 年教育部人文社科基金项目子方向课题,母语桥梁书阅读研究组牵头、全国一线教师等联合研发的"小豆包桥梁书阅读课程"正是帮助儿童步入独立阅读的专业低学段阅读课程。

桥梁书阅读课程至今已在全国数百所学校开展,对推进建立系统的文字书分级阅读课程体系起到了重要作用。小豆包阅读课程开展形式多种多样,包含校本阅读课、"双减"兴趣课、夏令营课等。

校本阅读课程为不同阅读层次的学生服务,必然要贯彻以学生为本的分级阅读理念,由此阅读课程的指导方法也应当是分级的,应当充分考虑学生的年龄或年级,以及随学习时间的累积而不断变化的能力水平,以此调整阅读指导方法,使其符合学生的身心发展需要。"小豆包桥梁书阅读课程"所使用的课程教材"小豆包"系列图书本身属于桥梁书,是分级阅读体系中帮助儿童从读图画为主的书过渡到读纯文字书的儿童读物,适用于第一学段的儿童阅读。该系列由《小豆包在学校》《小豆包的好朋友》《小豆包养宠物》《小豆包一路奇遇记》《小豆包侦探记》等 10 本图书构成。其内容和主题与儿童持续的学习能力和不断积累的生活经历相联系,据此又可将这 10 本书在第一学段内分为三个层次来进行不同的分级阅读方法指导,使一、二年级的儿童逐渐习得独立阅读的能力,同时培养他们阅读的兴趣和自信心,为日后自由阅读、拓展阅读打下坚实基础。下面分别从每个阶段中选取一个故事,例谈不同层次的分级阅读指导

方法。

- 第一阶段阅读指导方法

《小豆包的好朋友》故事内容的教学,采用第一学段内第一层次的教学设计,围绕和好朋友之间发生的故事展开。在童话氛围中,学生将跟随故事中的主人公进行一场闯关活动。这样的活动形式符合低龄儿童好奇的天性,让他们在活动中对阅读产生兴趣,并积累一定的阅读方法。现选取其中的一则故事《吵架》展开教学设计。

《小豆包的好朋友》之《吵架》教学设计

1. 创设情境(3分钟)

(1)目的:在精美的图画背景下,伴随着灵动活泼的音乐,辅以教师强烈的语言感染力,为学生营造出浓厚的童话氛围,让学生心向往之。为学生创设良好的阅读情境,激发学生的阅读兴趣。

(2)形式:教师口头讲述。

(3)准备:PPT、音乐。

(4)过程:

① 创设童话情境:播放幻灯片及背景音乐,教师向学生介绍面团国及各个人物,为学生营造童话氛围。

② 交代活动背景:教师向学生说明小豆包要带领大家到面团国里闯关,调动学生的积极情绪,为参与活动作好准备。

2. 豆包故事会(10分钟)

(1)目的:了解故事基本内容,对故事形成初步的认识。

(2)形式:播放配套PPT、回答问题纸条(小组合作)。

(3)准备:故事朗读版PPT、问题纸条箱(放入注音版问题纸条)。

(4)过程:

① 介绍第一关"我会听故事":"老汤圆爷爷要给大家讲故事,看看大家是否听得认真。"

② 播放 PPT:提示学生要认真观看。

③ 介绍问题纸条箱规则:前后左右四人为一组,每组选出一个小组长,由组长到纸条箱里抽 5 个问题,之后一起讨论答案,时间三分钟。最后回答正确最多的小组,就可以获得最高积分。

④ 小组讨论:教师巡视。

⑤ 小组汇报答案:教师宣布各小组得分,指导学生记录在积分卡上。

3. **手绘小地图**(15 分钟)

(1) 目的:故事地图以故事发展脉络为主线,学生通过绘制故事地图,能够理清故事思路,加深对故事的理解程度。同时,以低龄儿童喜爱的绘图作为活动方式,能够调动学生参与积极性。作品展示也可以锻炼学生口语表达能力。

(2) 形式:故事地图、故事复述(小组合作)。

(3) 准备:绘制好的故事地图若干张(已绘制好边框和部分提示)、画笔。

(4) 过程:

① 过渡语:告知学生进入第二关"手绘小地图"。

② 故事地图:给每小组发放故事地图,教师告知使用规则——按照地图上的提示词,用图画表达出来,最后对着地图试着讲故事。

③ 重复要求:要通过画图完成地图,要对照地图把故事复述出来。

④ 小组分工:按照之前的四人一组,组长负责安排任务,两个人画图,一个人复述。

⑤ 小组活动:教师巡视,予以适当指导。

⑥ 小组汇报:教师组织学生投票得出地图绘制名次,根据积分表,指导学生记录得分。

4. 印象大作战(6分钟)

(1) 目的:在深入阅读的基础上,学生对故事内容有了扎实的了解,此时对主要人物的形象讨论,可以帮助学生明确人物形象,形成更为理性的认知。

(2) 形式:人物角色网。

(3) 准备:小豆包和小饺子的形象挂图、印象卡片若干(注音版)。

(4) 过程:

① 过渡语:告知学生进入第三关"印象大作战"。

② 游戏规则:"这里有小豆包和小饺子的画像,请每个人选择一张印象卡片,贴到你认为符合这一印象的人物旁边,说说你选择的理由。"

③ 进行活动:教师组织学生进行活动,维护秩序。

④ 宣布得分:教师根据积分表规则,指导学生完成个人积分表。

5. 故事延伸(5分钟)

(1) 目的:教会学生如何交朋友、如何处理朋友之间的矛盾是学校教育的必修课程。在带领学生完成故事阅读后,继续开发故事内容,提升学生口语表达能力,培养学生团结友爱意识。

(2) 形式:"我想和你说声对不起"交流会。

(3) 过程:

① 过渡语:告知学生进入最后一关"我想和你说声对不起"。

② 游戏规则:在交流会上,帮助小豆包和小饺子解决矛盾,"如

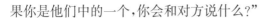

果你是他们中的一个,你会和对方说什么?"

③ 拓展延伸:询问学生是否和班里的同学发生过矛盾,以及如果有,想对对方说的话。

④ 宣布得分:教师根据积分表规则,指导学生完成个人积分表。

6. 总结收尾(1 分钟)

(1) 形式:发放奖品。

(2) 过程:

① 发放奖品:教师带领学生总结积分情况,发放小奖品。

② 总结:鼓励学生继续努力。

- 第二阶段阅读指导方法

《小豆包一路奇遇记》故事内容的教学采用第一学段内的第二层次的教学设计,采用奇遇的活动形式展开,让学生跟随小豆包一起探险,在探险游戏中学习阅读的各种策略,如对信息的提取、比较、分析等。学生在阅读活动中不仅能够学习阅读,还能获得对世界、对生活的认识和思考。以下选取其中的一则故事《象鼻子》展开教学设计。

《小豆包一路奇遇记》之《象鼻子》教学设计

1. 故事导入(3 分钟)

(1) 目的:教师使用富有感染力的语言将学生带入新的故事情境中,激发学生阅读兴趣,获得愉快的阅读体验。

(2) 形式:教师口述。

(3) 准备:教学 PPT、探险卡(每小组一套,每套三张卡片,可拼出小象的图案)。

(4) 过程:

"孩子们,我们的好朋友小豆包最近看了很多关于探险的书,决定自己也去探险。他要沿着一条从来没有走过的路走下去。他会有什么样的奇遇呢？让我们和小豆包一起探险吧。老师给你们准备了三个有趣的游戏。每完成一个游戏就会获得一张探险卡，三张探险卡就能够拼成有趣的图案。让我们赶紧开始吧！"

2. 豆包故事会(10 分钟)

（1）目的：初步了解故事情节，培养提取信息的能力。

（2）形式：教师讲故事，学生阅读、判断正误。

（3）准备：教学 PPT。

（4）过程：

① 教师在开始读故事之前给学生提出要求："读完整个故事后，会有判断正误的游戏，请每位小朋友都认真听、认真读，作好准备。"

② 教师开始讲故事，至第 12 页插图。

③ 学生继续读故事直至结尾。

④ PPT 上有与小组数量相等的正误判断题。每个小组抽取一题，作答并说明原因。回答正确的小组即可获得一张探险卡。

3. 寻宝挑战(12 分钟)

（1）目的：调动学生的学习积极性，引导学生更加深入和全面地理解故事内容。

（2）形式：学生以小组为单位寻找写有问题的卡片，并作答。

（3）准备：空白的和写有问题的卡片若干，上课前藏于教室中。

（4）过程：

① 教师提出要求，请学生先用 5 分钟时间再次浏览故事，然后以小组为单位在教室中寻找写有问题的卡片。每个小组只需要寻找一个问题，并且通过小组讨论得出答案，最后在全班汇报。

② 学生五分钟自由阅读故事，教师计时。

③ 学生寻找写有问题的卡片,并通过小组讨论作答。

④ 每小组派代表依次说出自己的问题、答案及原因,回答正确即可获得探险卡一张。

4. 角色介绍卡(10 分钟)

(1) 目的:说出对文中角色的感受,体会角色特点。

(2) 形式:以小组为单位填写角色介绍卡。

(3) 准备:角色介绍卡。

(4) 过程:

① 课前教师给每个小组发两张角色介绍卡。

② 教师布置活动,请学生以小组为单位完成小豆包和小象的角色介绍卡。

③ 学生完成卡片,并在全班分享。教师为完成的小组发放一张探险卡。

5. 总结提升(5 分钟)

(1) 目的:对故事主题进行总结,为阅读下个故事作好准备。

(2) 形式:师生谈话。

(3) 过程:

① "故事中的小象最后换掉象鼻子了吗? 为什么? 这个故事带给你怎样的启发?"

② "集齐三张探险卡的小组快拼一拼,能拼出什么样的图案?"(小象)

③ "故事读完了,可是小豆包的探险之旅还在继续。下次,我们再一起读小豆包的故事,一起收集探险卡。"

• 第三阶段阅读指导方法

《小豆包侦探记》故事内容的教学采用第一学段内的第三层次

的教学设计,采用侦探探案的活动形式展开,让学生体验探案的乐趣,了解成为一名优秀的侦探所应该具备的品质,从侦探的眼光发现生活中的知识,品味生活,热爱生活,在轻松愉悦的氛围中爱上阅读,学会阅读,形成独立自主的阅读能力。现选取其中的一则故事《戴口罩的面包》展开教学设计。

《小豆包侦探记》之《戴口罩的面包》教学设计

1. 导入:线索大侦探(5分钟)

(1) 目的:利用学生的好奇心和喜欢当侦探的心理,让学生从图片线索中猜测故事的发展,展开想象,锻炼思考能力,培养创造性,激发阅读兴趣,为独立阅读作铺垫。同时体现了课标中让学生学会借助读物中的图画进行阅读的要求。

(2) 形式:猜测故事发展。

(3) 准备:图片盒子(四张图片线索,内容分别是宽胶带、粗绳子、深蓝色的布、圆圆银行,图画均采用故事中的原型)。

(4) 过程:

① 简单介绍背景,引出要阅读的故事,接着让学生分小组抽取图片,根据抽到的线索,全班共同推理接下来会发生什么。

"小豆包今天出门发现一个身影,大热天他戴着一顶大帽子,脸上戴着口罩,手上戴着黑手套,还穿着一件大衣服,一系列奇怪的装扮引起小豆包的注意,他决定跟踪这个身影,一探究竟。今天我们每个人都当一回侦探,将要从盒子里抽取小豆包发现的一些线索,启动你们侦探的潜质,开动大脑看看小豆包到底会发现什么。"

② 分小组抽取图片。小组成员派代表抽取盒子里的图片,每个小组抽取一张。

③ 猜测故事发展。根据抽到的线索展开想象,每抽到一张,全班同学共同推理接下来会发生什么。

2. 分工:豆包侦探记(12 分钟)

(1) 目的:分配阅读任务卡,便于学生边阅读边思考,有利于学生认真细致地自主阅读,帮助学生摒弃阅读的依赖心理,锻炼阅读的独立性。

(2) 形式:学生自由阅读。

(3) 准备:故事书、阅读分工卡片(提问卡、故事绘图卡、联系生活卡、人物评价卡、心情起伏卡、背景研究卡等)。

(4) 过程:

① 分发阅读分工卡片。阅读前将卡片分到每个小组,每个小组自由选择一类卡片,人手一张。

② 独立阅读。学生自由阅读《戴口罩的面包》,教师不给予任何指导,学生自行揭晓故事发展的进程。

③ 完成卡片内容。学生阅读完故事后,独立完成阅读卡片上的任务。

3. 阅读:文学活动圈(13 分钟)

(1) 目的:阅读思考与分享,锻炼学生的概括能力、语言组织能力、表达能力、分析能力等,从故事中体会生活。

(2) 形式:组内合作和班级分享。

(3) 过程:

① 组内合作。小组成员先将各自的卡片内容补充完整,再在组内分享自己所填内容。

② 班级分享。小组内部讨论完成后,每个小组派代表在全班分享。

4. 脑洞大大开(10分钟)

(1)目的:引导学生思考侦探的故事,扩展阅读,补充课外知识,体现了课程的可整合性;培养学生优秀的人格品质,学会在生活中留心观察事物,学以致用。

(2)形式:师生对话。

(3)过程:

① 教师提问,引起学生思考,例:

"你有过当侦探的经历吗?"

"你还知道哪些著名侦探? 从哪里了解到的?"

"一名优秀的侦探需要具备哪些品质?"

② 学生分享自己的经历或体验,在讨论中积累知识。

(二)群文阅读校本课程建构——"童研群文分级阅读课程"①

"童研群文分级阅读课程"是专注于小学阶段群文阅读的阅读课程,课程设计的目的是为学校提供系统阅读教育内容载体与指导模型,从而帮助每一个小学阶段的学生有效学习阅读。课程教材分为"童研中文分级阅读"(以下简称"童研")学生分级读本、教师分级阅读指导手册、测评工具、朗读资源包等内容,系统的分级阅读教材为课程建构提供了有效素材。

1. 学生分级读本

在学生分级读本中,各单元主要包括"单元导语""阅读材料""阅读游戏""点亮阅读星"四部分。

(1)单元导语

学生分级读本中各单元主题均与现行的统编义务教育小学语

---

① 参见附录1:群文分级阅读教学课例。

文课本中的单元主题同步,如第一册第一单元的单元主题是"上学啦",统编小学语文课本一年级上册第一单元的主题是"我上学了",二者的设置意图均为帮助刚上学的学生迅速完成身份转变,使其喜欢上学,爱上语文。

在各单元导语页使用通俗易懂的语言对单元主题进行解读,同时还对本单元选编的文本作了阅读提示,以调动学生的阅读兴趣。如第一册第三单元的单元主题为"边读边玩的游戏儿歌",单元导语页介绍了什么是"游戏儿歌",并就本单元即将学习的《一只小蜜蜂》《开城门》《金钩钩》三篇游戏儿歌作了阅读提示。

（2）阅读材料

"童研"学生读本中各单元选文篇目均为 3 篇左右,这也与大多数研究者强调的选文不宜过多(不多于 5 篇)的观点相符。适宜的篇目数量能够有效避免教学过程中追求阅读量而轻视教学目标和教学任务的现象,有利于阅读课程建构。

学生读本在具体的选文内容方面主要有以下特点:一是各单元选文时,主要从教材相应单元的语文要素和人文主题两个方面着手为学生提供分级阅读资源。这样选文的目的是在连接教材、巧妙拓展学生阅读量的同时尽可能减轻学生的阅读负担。一年级上册中选择的《一只小蜜蜂》《开城门》《金钩钩》等儿歌、《莫国奇遇》等拼音故事,均与统编小学语文课本一年级上册中的内容有所呼应。语文教材中的课文在思想内容和题材类型上都是学生学习的范例,在进行群文阅读文本组织的过程中,不能忽视这一重要参考。二是关注选文类型,给学生带来多重体验。一方面,在同一单元内组织同一类型的文本,使学生在学习文本内容的同时能够学会如何阅读该类文本。如一年级上册第六单元选编了《打喷嚏的小椅子》《枣子和苹果》《书本里的蚂蚁》三篇童话,学生在学习过程中可以感受童话中的丰富想象。另一方面,关注选文类型的多样性,仅一年级上册各单元选文就包含了儿歌、儿童诗、童话、绘本故事等多种类型。这样的文本组织能够有效促使学生感受不同类型文体的美感,也能为学生补充如绘本故事等在语文课堂上较少接触的类型。三是难度适中,最大限度保证学生阅读兴趣。在文本筛选与组织过程中,考虑不同学段学生的阅读标准,避免学生因文本难度过高而产生抵触心理,确保教师在教学过程中完成知识传授和发展阅读素养的双重目标。

（3）阅读游戏

学生读本为每一篇作品设计了与之相对应的阅读游戏,并附有游戏"小贴士"。阅读教学在关注学生阅读量的同时,不能忽视学生对于阅读方法的掌握。"阅读游戏"板块中,每一个游戏都指向一个阅读方法的学习,旨在使学生在游戏中学会阅读方法,达成教材与课标的相关要求。以游戏的方式促使学生掌握阅读方法也符合小学阶段学生的学习特点。

（4）点亮阅读星

各单元最后均设有"点亮阅读星"板块,学生学完一单元的内容后可以进行自我评价。评价内容主要展示学生对选文内容的理解、思考等,评价等级分为"符合""一般""不符合"三级,以便教师与家长及时了解学生的阅读发展水平。

2.教师分级阅读指导手册

为了帮助教师更好地进行阅读课程建构,每册"童研"学生分级读本都配有教师分级阅读指导手册,每一单元都有详细的教师指导内容,主要包括单元分析和单篇教学两部分内容。教师通过对单元主题解读、单元内容选编意图、单元教学与课标、教材的关联，单元教学的阅读素养目标以及分级指导教学方案等板块的掌握与实施，循序渐进地提升自身阅读教学水平，从而更好地指导学生发展阅读素养。

单元分析主要包括单元导航栏、特别说明、单元解读、单元内容、单元导入、单元助学工具包六个部分，为教师提供了一套详尽的单元使用指南。

"单元导航栏"以框架的形式列出了本单元涉及的全部板块，以及各板块旨在帮助教师了解的内容。"特别说明"部分展示了本单元阅读素养目标与学生分级读本中单元导语的关联，以及本单元教学方案与学生分级读本中阅读练习的关联，有效避免教师指导手册与学生读本脱节的问题。"单元解读"部分以表格的形式明确列出了本单元的主题及相应解读，具体的篇目名称、内容及选篇理由，单元内容与课标、教材之间的关联以及本单元预计实现的阅读素养目标。对单元进行解读有助于教师明确本单元的教学重点和难点，分条目明确点出本单元预计实现的阅读素养目标也便于教师在授课过程中及时进行形成性评价。"单元内容"主要包括各篇目的推荐阅读形式、主要内容以及其他相关信息，以便教师在理清单元框架的同时根据推荐的阅读形式选择合适的教学设计。"单元导入"提供了可供教师参考使用的导入环节设计，教师可以结合实际教学情况对其进行调整与完善。"单元助学工具包"呈现在每单元的最后，具体包括与本单元选文相关的作者介绍、作品简介、获奖情况等内容，供教师选用以指导学生进行拓展性学习。

在"单篇教学"部分，各单元首先通过一张"单篇导航栏"说明单篇教学指南中涉及的板块及其主要内容。每篇选文的单篇教学指南主要分为文本分析、教学方案、阅读策略总结和助学工具包四步。

第一步，文本分析。该部分对选文的关键部分进行了分析，对涉及核心内容的文字、图片进行了解读，同时还针对教学提出了建议，旨在帮助教师在教学实践前充分理解文本内容，理清选文结构，进而明确教学思路。

第二步，教学方案。教师分级阅读指导手册中提供的教学方案将整个教学活动分为阅读前、阅读中、阅读后和阅读评价四个环节。首先，在阅读前，指导教师根据教学内容下达三个指令，如"读题目""提问题""标段落"等。其次，在阅读中，根据学生理解能力、接受能力等不同，由难至易提供了红色、黄色、蓝色三套指导流程供教师选用，分别称为红色小队指导流程、黄色小队指导流程和蓝色小队指导流程。每队的指导流程中均列出了具体的教学环节以及该环节的预期目标和操作流程，教师可以根据学生已有的阅读水平选择合适的指导流程开展教学。这样最大限度地做到了以学生为本，以学生实际水平为基础，力求每一位学生都能在原有的阅读基础上有所提升，体现了对学生主体的尊重。再次，在阅读后，根据选文内容为教师提供可参考的巩固方式，如"讲述故事""表演故事"等。最后，方案中提供了可供教师使用的学生阅读评价表，以便教师及时、准确地掌握学生的学习情况。

第三步，阅读策略总结。这一部分对教学过程中渗透的教学策略进行总结，以表格的形式列出阅读策略的名称及具体的操作方式，帮助教师在授课之前对即将使用的阅读策略有清晰透彻的理解。与单元解读中的"阅读素养目标"相呼应，以阅读策略的学习来推动阅读素养的提升。以一年级上册第一单元为例，单元阅读策略为"联系生活阅读法"和"图文结合阅读法",阅读素养目标是"借助图画进行阅读,理解故事大意,积累词句""依据文本内容,联系实际生活谈谈自己对于上学的感受和看法""通过阅读使自己有方法面对身份转化焦虑,喜欢上学"以及"了解联系生活阅读法和图文结合阅读法"。这样设计的一大优点是学生在学习知识的同时能够掌握具体的阅读策略,在后续其他阅读活动中可以主动使用该策略。

第四步,助学工具包。结合教学方案的需要,教师指导手册中为每一篇选文都提供了可以配合使用的助学工具包。值得注意的是,与"单元助学工具包"不同,单篇选文的助学工具包并不是学完选文后作为拓展性材料使用,而是在教学过程中应用于红色、黄色或蓝色小队的指导流程之中。如选文《打喷嚏的小椅子》的助学工具包是带有不同颜色标注的原文,适用于不同的小队指导流程中的环节;选文《书本里的蚂蚁》的助学工具包是相应的任务单,让学生在阅读过程中辨析文章内容。

3.课程配套资源

除学生分级读本和教师分级阅读指导手册外,课程还配有测评工具和朗读资源包等配套资源,旨在使阅读教育立体化、体系化。其中测评工具的使用便于教师了解学生的阅读发展水平,进而根据其实际阅读需求进行阅读课程的构建。

(三) 整本书阅读课程建构——"书香少年整本书分级阅读课程"①

"书香少年整本书分级阅读课程"是配合教材的同步学习整本书阅读课程,为达成新教材与新课标提出的阅读目标,课程设计了

---

① 参见附录 2:整本书分级阅读教学课例。

一套专业的方法体系,提供了一套体系化的阅读工具,帮助儿童学会阅读,真正爱上阅读。课程中有学生分级读本、学生分级阅读指导手册、学生阅读评价等内容,为课程建构提供了读本和阅读指导的有效素材。

1. 学生分级读本

"书香少年"分级读本紧贴教材作品,来源于教材"快乐读书吧"栏目推荐的中外经典作品,如低学段的"和大人一起读"、中外寓言故事、成语故事等作品,中学段的中国古代神话、世界经典神话故事、科普读物《灰尘的旅行》《李四光科普作品选》等作品,高学段的中国经典文学作品四大名著、国外著名儿童文学作品《爱丽丝漫游奇境》《鲁滨逊漂流记》等。每本读本都以"鎏阅"分级阅读标准为依据进行改写,为教师校本阅读课程建构提供合适的读物选择和阅读方法指导。

2. 学生分级阅读指导手册

统编教材对阅读的重视,让教师与家长前所未有地意识到要加强对学生的阅读教育。儿童阅读除了要紧贴教材的作品阅读外,同样重要的是学习阅读方法。"书香少年"课程为学生阅读指导手册给出了一个个具体的阅读工具,教给学生每个阶段要学会的阅读策略,培养他们的阅读习惯。有了这些阅读工具,学生掌握了成体系的阅读方法,便会用这些方法逐步学会独立阅读,这样才会真正爱上阅读,才有可能主动去拓展阅读,从而达成海量阅读。所以,学会阅读是关键,给学生具体的阅读工具更是关键中的关键,让他们阅读时有章可循,有据可依。

"书香少年"课程为学生提供了几百个阅读工具,同时,每一个阅读工具均以教材与课标的要求为依据,比如二年级学习的阅读工具之"看看上面，看看下面"，便是以教材提出的"联系上下文理解句子"为依据，用生动的语言告诉学生遇到不理解的地方要学会联系上下文理解。比如，"提问"作为一种有效的阅读工具会以不同层次的设计呈现在不同阶段学生的阅读策略学习中。再比如，作品阅读的难易程度也会随着年级水平阶梯推进，同样是中国神话故事，不同阅读水平，提供的字词、句法、主题等均有所不同。

低中高段分层次的阅读指导教学方法，对教师的教育理念的塑造、教学思维的开发、教育方式的改变、课程整合能力的锻炼等各方面都有促进作用，展现了教师的专业发展水平，也使得校本阅读课程本身颇具特色。这种分层次的指导方法，可以使教师掌握学生的进步程度，及时调整指导策略，处处体现以学生为阅读主体的特点，满足不同阅读能力层次的学生的需要，帮助学生树立阅读的信心，培养其良好的阅读习惯和独立思考能力，同时增加知识积累，有效发挥了阅读课程的作用。

3. 学生阅读评价

课程采用游戏化的阅读测评，不同游戏模式指向相应阅读素养的测评与学习，让学生的阅读学习更加有趣高效，真正做到现学现用、活学活用。如为了评价学生对"借助关键句概括段意"阅读方法的掌握情况，设计了"聪明小侦探""概括小能手"两个阅读游戏，为学生的阅读效果提供反馈。

三、结语

以"鎏阅"分级阅读标准开发的分级读本和校本阅读课程，目的是培养学生的独立阅读能力和阅读兴趣，拓展学生的阅读面，实际上也是帮助学生逐步养成语文实践能力的过程,不同形式、不同等级的阅读指导方法也能给学生提供不同的阅读方式,使学生渐渐形成会听、会读、会分享,由依赖阅读到自主阅读再到合作探究的逐级提升的阅读技巧。

第八章 标准的幼儿园教育应用[①]

　　"鋆阅"标准不仅能有效应用于小学中文阅读的学校教育中,也可以通过多种方式助力幼儿园阅读教育的开展。我们先来看看早期阅读中分级阅读的价值所在。

一、分级阅读理论及其重要性

　　2011 年国务院颁布的《中国儿童发展纲要(2011—2020 年)》在推动儿童阅读发展中迈出重要一步,明确提出了分级阅读的理念,为其后续的推广与实施奠定了坚实的基础。文中指出要"推广面向儿童的图书分级制,为不同年龄儿童提供适合其年龄特点的图书,为儿童家长选择图书提供建议和指导"。

　　分级阅读是指依据不同阶段的儿童身心发展规律,根据儿童的阅读能力水平,为其提供相适应的读物与阅读指导的阅读推广理念,目前这种理念逐渐成熟并在全世界范围内推行。分级阅读不仅在于给儿童提供适合的读物,还需要依据儿童阅读发展水平进行相应的指导。

　　幼儿期是身心发展的关键时期,不同年龄段的孩子在认知、情感、语言等方面都存在着明显的差异。《3—6 岁儿童学习与发展指南》中"阅读与书写准备"方面对于 3—4 岁、4—5 岁、5—6 岁的幼儿

---

　　① 本文合作者为李鑫,王若雯。

均有不同的阅读要求,需要达到不同的阅读水平。这既体现了幼儿阅读发展的阶段性特点,也为我们提供了针对不同年龄段幼儿进行阅读指导的参考依据。分级阅读正是基于这一特点,根据幼儿生长的阶段,为不同年龄段的孩子提供适合他们阅读水平和兴趣爱好的读物。这种阅读方式有助于满足幼儿在不同发育阶段的阅读需求,促进他们全面发展,在阅读中体验成就感和乐趣。这种积极的阅读体验能够激发幼儿的阅读兴趣,让他们更加主动地参与阅读活动,形成良好的阅读习惯。

同时,分级阅读理论可以为教师和家长提供为幼儿选书的科学指导。教师和家长可以通过了解分级阅读的理念和方法,为幼儿有序、系统地挑选合适的读物。科学选书能够确保幼儿在阅读中得到有效的指导和帮助,提高阅读效果。

二、早期分级阅读推进的途径

1. 阅读原创绘本,提升幼儿阅读素养

在幼儿早期阅读教育中,图画书即绘本以其独特的图文结合形式扮演着重要角色,它既能够引起幼儿的兴趣,同时又是他们理解世界、感知情感的重要工具。

2021 年,教育部基础教育司委托基础教育课程教材发展中心,组织百位专家精心遴选了 347 种幼儿图画书,其中中国原创图画书占比78％。在《义务教育语文课程标准(2022 年版)》中,"阅读图画书"作为小学一至二年级的学习内容出现。针对此项内容,在诸多名师专家给出的图画书阅读书单里,原创图画书都占有相当大的比例。由此可见,原创绘本的地位大大提升,它能够以独特的文化内涵和情感深度提升幼儿的阅读素养,成为推进幼儿分级阅读的重要途径。

2. 阅读策略的启蒙学习

除了选择优质的原创绘本外,阅读策略的启蒙学习也是早期分级阅读推进的重要途径。阅读策略是读者在阅读过程中为了更有效地理解和获取信息而采取的一系列方法和技巧。对于幼儿来说,虽然他们的阅读能力和认知水平有限,但正是这些早期的阅读策略学习,能够为他们今后的阅读学习和终身发展打下坚实的基础。

三、幼儿园分级阅读如何做:原创绘本分级启蒙幼儿阅读素养[①]

（一）原创绘本的选择依据及教育价值

通过专业性的筛选,确保入选原创绘本的优质性。教育部及相关专家对绘本的精心遴选,保证了绘本在主题、内容、形式等方面的科学性与适宜性,能够针对不同年龄段幼儿的认知特点和阅读兴趣,提供合适的阅读材料。以"鎏阅"标准为支撑的"京师幼儿原创绘本分级阅读资源包"项目,力求每一册绘本的选择和阅读指导都符合儿童发展的专业阅读要求。

从内容方面来看,该项目的原创绘本内涵丰富,有助于幼儿形成多元的文化视野和情感体验。无论是民俗文化、节日时令,还是历史故事、民间逸闻,该系列绘本都能以生动的画面和有趣的故事,引领幼儿走进丰富多彩的文化世界。同时,通过描绘现代儿童的情感与生活,该系列绘本还能帮助幼儿更好地理解自我、认识他人,形成健康的情感态度和价值观。该系列绘本针对不同级别每一学期分成五册,其主题丰富,涵盖了传统文化、品格培养、科学启蒙、文化自信、多元文化等多个方面;还有名家大奖作品集合版,分为不同级

---

① 参见附录3:幼儿园分级阅读教学课例。

别,以满足幼儿园、绘本馆及家庭的多元化需求。

同时,该系列绘本的现代中国风格,使得其在传承传统文化的同时,也融入了现代元素和创新思维。这种以儿童视角讲述中国故事的绘本不仅符合幼儿的审美需求,也能够在阅读中激发他们的想象力和创造力。

因此,在推进早期分级阅读的过程中,我们应充分重视原创绘本的运用,通过选择适宜的绘本、设计有针对性的阅读活动,来提升幼儿的阅读素养和综合能力。

(二)原创绘本分级阅读教学策略

1. 提问式阅读教学

《中国大百科全书》(第三版)对"提问式阅读法"给出的定义是:一种以学生为中心、问题为导向的阅读教学方法。阅读教学过程围绕问题有序开展,问题的提出者可以是教师,也可以是学生。

提问式阅读法这一新颖的教学理念,正逐渐改变着传统课堂中教师主导的局面。它是"鎏阅"分级阅读体系中的核心阅读教学法。提问式阅读法强调教师与学生在提问方面的并重,特别鼓励学生主动提问,成为课堂提问的主体。这一方法旨在培养学生辩证地思考阅读内容的能力,从而激活他们的辩证思维,使他们从被动的学习者转变为课堂上的积极思考者。

教师通过提问式阅读法,督促学生积极思考,培养学生的问题意识。通过不断地提问与探索,学生从多个角度理解阅读材料,在思考过程中发挥想象力,逐渐形成主动质疑与寻找答案的习惯。这种习惯不仅有助于学生之间的思想交流,为日后辩证思维的发展打下基础,同时可以让他们在面对问题时能够独立思考,不盲从他人。

提问式阅读法在培养学生的创新精神方面也能发挥重要作用。

在这样的师生互动模式中,学生不再满足于简单的听故事和模仿,而是敢于对故事中的情节和角色提出自己的疑问和见解。这种敢于挑战和尝试的精神,不仅有助于他们在幼儿园阶段更好地吸收知识,更能激发他们的阅读兴趣和求知欲。

想象一下,学生在阅读绘本时,能够主动提出"为什么这个动物会有这样的行为?"或者"如果我是故事中的角色,我会怎么做?"这样的问题,这本身就是一种创新和探索。这种探索精神会让他们在未来的学习和生活中,更加敢于挑战未知,追求自己的梦想。

2. 利用课程资源

在原创绘本分级阅读教学策略中,课程资源的有效利用至关重要。这些资源不仅为教师提供了丰富的教学素材,还帮助教师设计出更生动有趣的教学活动,从而激发学生对绘本阅读的兴趣。同时,课程资源也是连接教师、学生和绘本之间的桥梁,使教学更加贴近学生的实际生活,有助于提升他们的阅读能力和综合素养。因此,我们需要深入挖掘和利用各类课程资源,确保原创绘本分级阅读教学的顺利实施。

例如,京师幼儿原创绘本分级阅读资源包就充分展现了对课程资源的有效利用。它包含了众多高质量的绘本作品,涵盖了不同主题和风格,能够满足不同年龄和阅读水平的学生需求。同时,资源包还配备了丰富的融媒体课程资源,如教学视频、说课视频和故事音频等,这些资源为教师的教学提供了极大的便利。教师可以根据教学需要,灵活选择和使用这些资源,设计多样化的教学活动,提高教学效果。

3. 教师支持和家园共育

在原创绘本分级阅读教学中,教师的专业支持和家长的积极参与是不可或缺的。教师作为学生阅读学习的引导者和指导者,需要具备丰富的专业知识和教学技能,能够针对学生的特点和需求进行有针对性的指导。同时,家长作为幼儿成长的重要伙伴,也需要参与幼儿的阅读学习,与幼儿分享阅读的乐趣,促进他们的全面发展。因此,我们需要联合教师和家长,共同推动原创绘本分级阅读教学的深入开展。

以京师幼儿原创绘本分级阅读资源包为例,它为教师提供了全方位的支持,包括教师评价表等实用工具,帮助教师更好地开展阅读教学活动。此外,该资源包还注重教师的专业发展,提供了详细的教学设计方案和文本解读课件,帮助教师深入理解和把握绘本内容,提升他们的教学水平和能力。同时,该资源包还鼓励教师进行创新性的教学实践,探索更适合学生的教学方式和方法。

此外,该资源包还注重与家长的沟通和合作,通过阅读成长手册等方式,让家长了解幼儿的阅读进展和成长情况,并鼓励家长积极参与幼儿的阅读学习。这种家园共育的模式有助于营造一个良好的教育生态环境,促进幼儿的全面发展。

综上所述,早期分级阅读对于幼儿的身心发展具有重要意义。科学地使用原创绘本,不仅能提高幼儿的阅读素养,还能培育其综合能力。在幼儿园中有效应用原创绘本,旨在构建一个幼儿、教师和家长共同参与的阅读环境。幼儿学习丰富的分级阅读资源,教师科学指导以及家长辅助配合,这样的阅读环境不仅能够让幼儿在快乐中学习,更能在学习中不断成长,为他们的未来铺设一条充满智慧与希望的道路。

第九章　标准的家庭教育应用[①]

我们知道给孩子买衣服、买鞋都得看尺码,大多数同龄孩子尺码差不多,但不同个体之间也会有尺寸的上下浮动。孩子阅读也是一样的,他们应当看的书、接受的阅读指导,跟他们的生理年龄有很大的关系,同龄孩子所处的阅读能力级别差不多,也有阅读"尺寸"的上下浮动。分级阅读指的就是根据孩子的阅读能力级别提供匹配的读物与阅读指导,这里的指导既有学校教师的指导也有家长的指导。不同年龄段孩子有不同的身心特点,他们的阅读能力跟他们的身心发展密切相关。因此,分级阅读是尊重孩子发展的阅读教育范式,懂分级阅读的家长,会根据孩子的年龄特点,循序渐进地为孩子选书,跟孩子一起阶梯阅读。

在英国、美国、瑞士等阅读教育发达国家,很多家庭都为孩子配备从幼儿到初中阶段的分级阅读书架。在这个书架里,放满了适合不同年龄段孩子阅读的读物。同时,家长还定期学习分级阅读父母指导,了解不同年龄段孩子的阅读指导方式。科学的家庭阅读教育对孩子而言事半功倍,家长不能一味依赖学校的阅读教育。精心为孩子选书,跟孩子共读,是助力孩子养成终身阅读习惯的最佳途径。

《中国儿童发展纲要(2011—2020 年)》中提出:"推广面向儿童的图书分级制,为不同年龄儿童提供适合其年龄特点的图书,为儿

---

① 本文合作者为黄诺。

童家长选择图书提供建议和指导。"这给予了家庭阅读关于"分级阅读"的启示,但家长如何为孩子选择适合的书? 不同年龄段的孩子分别适合什么类型的书? 都是值得探讨的问题。

一、"鉴阅"分级阅读视角下家庭阅读书目的选择

1. 学龄前儿童

阅读是什么? 它包含从书面材料提取信息到整合信息的过程。儿童阅读行为包含儿童凭借文字、图画、色彩及成年人的讲述来理解书面材料的一切活动。可见,文字只是儿童阅读活动借助的途径之一。儿童还可以通过看图、摸图(触摸书)、咬图(玩具书),或者听爸爸妈妈的讲述,走进阅读的材料,理解里面的内容。如果只把阅读等同于识字,就剥夺了儿童,尤其是幼童"阅读"的权利。试想,一个正拿着书流着口水大啃特啃的孩子,书对他而言,跟一块蛋糕一样美味;一个正倒着翻书的孩子,书正着倒着都是一件奇妙的东西;一个虽然不识字,却指着报纸大声朗读的孩子,他此时也正在阅读! 一切与书面材料(包括图书、报纸、电子读物等)有关的活动都可以算作阅读。而学龄前儿童阅读的主体自然是以图画为主的绘本,这些书满足了幼儿在此阶段的阅读需求,他可以通过图画走进故事,理解文字,收获感受。

2. 小学第一学段儿童

皮亚杰将2—7岁的儿童认知发展阶段定义为前运算阶段,该阶段的儿童获得了表象思维,拥有基本的语言表达能力。《义务教育语文课程标准(2022年版)》指出,第一学段的儿童应该阅读富有童趣的整本图画书等浅易的读物,体会读书的快乐。第一学段的儿童阅读还是以培养兴趣、建立阅读习惯为主,多阅读整本的图画书、浅近的童话集与童谣儿歌。

3. 小学第二、三学段儿童

在皮亚杰看来,7—11岁的儿童处于具体运算阶段,他们能够进行合格的运算,拥有抽象概念,获得了初步的阅读能力,可以逐渐阅读文字难度更高的作品。因此,此阶段儿童可以阅读更多不同文体、主题、结构的作品,从短篇作品阅读逐步走向章回故事的阅读,包含童话、小说、寓言、诗歌、散文、戏剧等多种文体的阅读资源都可以介绍给此阶段儿童。

二、家庭阅读的方法指导[①]

1. 坚持每天十分钟家庭共读

家庭共读包括很多内容,不只是大家通常以为的父母给孩子讲故事,针对不同年龄的孩子,形式各有不同。1岁以前的婴儿,这个时候会翻书、撕书、啃书,家长在旁边陪着玩书或者口述书里的内容,都是共读的方式;2—5岁的幼儿,家长给孩子讲书里的故事,一起讨论跟书里内容相关的话题;6—12岁的孩子,已经具有独立阅读的能力,可以自己看书,这个时候家长可以跟孩子讨论,一起看同一本书,分角色朗读;到了初中以后,家长和孩子一起在固定的阅读时间看各自喜欢的书,或共读同一本书,这些都是不同形式的家庭共读。可以说,只要是跟书有关的活动,都是家庭共读。读者可以根据自己的情况,确定家庭的特有共读形式。比如有的孩子喜欢乐高,家长可以跟孩子一起用乐高搭建与故事相关的场景;有的孩子喜欢表演,家长可以跟孩子一起讨论如何把故事演出来,家庭成员都参与进来。共读的关键在于能有一个固定的时间段,家庭成员因

---

① 参见附录4:家庭教育应用活动方案示例。

书、因阅读联系在一起,这对于家庭书香氛围的形成非常重要,也有助于家庭的凝聚和情感的升华。

每天十分钟,是什么概念呢? 家长在手机上看一条新闻,刷一次朋友圈,逛一圈手机超市,打一个电话,炒一道菜,等等,很多家长日常做的事情都很容易超过十分钟。实际上,十分钟短到不够家长讲完一本故事书。所以,能不能每天留十分钟给家庭共读,这其实与意识有关,与时间无关。

另一个关键就是坚持,只要坚持每天十分钟家庭共读,家长一定会看到孩子的成长,并且不只是语言能力的成长,思维、想象、表达、情商等,都会日积月累地增长。阅读是教育的核心、一切学习的基础,阅读对于孩子能力、素养、品格的塑造是润物细无声的滋养。家长还会看到自己的成长,因为阅读是终身学习的最佳途径。还会看到家庭情感在共读中持续增进,在家庭成员之间奠定深厚的信任基础。我们发现,童年时期阅读氛围浓郁的家庭,孩子进入青春期后很少会出现严重的叛逆行为,因为他们信任父母,亲子之间建立了良好的情感基础。

之所以把每天坚持十分钟的家庭共读方法作为家庭阅读教育排序第一位的"妙招"介绍给大家,还有一个重要的理由,即通过这样的方式,家长能了解孩了真实的阅读兴趣、水平。这样,当家长为孩子选择"读什么"时,才能从他们的实际情况出发,选择合适的读物,而不是一味选用"别人家孩子"喜欢的读物,每个孩子的阅读"味蕾"是不一样的。

2. 尊重孩子的选书自主权

在选书、读书的过程中,孩子们的意见家长总是听得太少,甚至根本不问他们的意见。阅读的目的多种多样,有为了获得信息的阅读,有为了考试的阅读,有为了提升审美的阅读,更有为了娱乐放松的阅读,等等。根据不同的阅读目的,可以选择不同的阅读内容。但是在常态的阅读活动中,家长更多关注的是为了考试的阅读、为了审美的阅读,而对于其他的阅读,尤其是娱乐放松的阅读,几乎不予关注。所以,我们会经常在书店听到这样的对话:"妈妈,我想买这本芭比娃娃的故事。""宝贝,这本没意思,买这本《爱的教育》吧,这本书很有名的。就买这本了!"在这个场景里,家长的推荐没有错,推荐的也是优秀读物,但问题在于,这位家长不是推荐,而是"果断"地替孩子作了决定,不征求也不听取孩子的意见。不要忘了,儿童阅读的主体是儿童。如果孩子没有兴趣,他怎么可能会喜欢阅读这件事呢?孩子选的书有些就是单纯为了放松,放松下来才可能产生主动的阅读。如果每次孩子读的书都是家长为他选的,主动的阅读是不可能出现的。孩子会将读书等同于家长让他读,而不是自己想读,长此以往,儿童是不可能爱上阅读的。

3. 善于运用提问式阅读

在传统的家庭阅读中,家长往往作为提问者,孩子作为回答者,我们可以尝试转换角色,推行提问式阅读,激发孩子主动提问。此外,提问的方式也需多样化,不必局限于读完书后问孩子收获了什么,因为这样的提问方式显得无趣且过于模式化。不应过于强调故事背后的道理,而应鼓励孩子从多个角度思考,包括是什么、为什么、怎么样等,甚至可以让孩子来主导提问,以促进他们的思维训练和想象力发展。

4. 构建优质的家庭阅读环境

在家庭硬件环境方面,屋内最好多处放置书籍,使孩子方便接触并取阅。同时,家长和老师的阅读行为对孩子有重要的示范作用。家长应热爱阅读,并在孩子面前展示自己阅读的书籍,从而激发孩子的阅读欲望。此外,尽管电子读物在现代生活中有其存在意义,但考虑到孩子的健康和阅读习惯的培养,应让他们主要阅读纸质读物。因此,家长要在家中阅读纸质书籍,为孩子树立一个良好的阅读榜样。

5. 加强对于儿童各阶段阅读特点的了解,在家庭阅读中充分运用分级阅读理念

家长对儿童各阶段阅读特点了解太少,这与家长对阅读这件事情的科学性认知不够有很大关系。很多家长重视孩子读书,但并不觉得自己应该系统地了解阅读教育是怎么回事,也许家长更愿意把时间花在做各种培训班报名的攻略上,很少认为阅读这件事还需要花时间去研究、琢磨。实际上,现有的各类国内外研究已经证明,阅读素养高的孩子的综合学习能力也会很强,从而帮助他们形成终身自学的能力,在人生的不同阶段都将有所收获。

6. 亲子共读贯穿于孩子成长的各个阶段

很多家长将亲子共读的家庭阅读教育方式仅用于孩子 2—6 岁的阶段,实际上,亲子共读既应该从 0 岁,甚至胎教时就进行,也要持续推进到孩子进入小学,乃至之后的中学学习阶段。亲子共读,不等同于父母给孩子讲故事。在孩子两岁之前,父母可与孩子一起"玩"书,当孩子在啃书、撕书时不去阻止孩子,而是像陪他搭积木一样在旁边陪伴,跟他一起摸书、闻书、故意撕书,这都是很好的共读方式。而当孩子会认字,进入小学独立阅读阶段后,父母虽然不用给孩子讲故事了,但可以跟孩子一起读同一本书,或者读同类型的书,相互讨论分享。通过书来交流,这比家庭中人手一部手机,或者共同看电视来交流的效果更好。

第十章　标准的出版发行应用

"鎏阅"作为一个应用型学术标准，对于分级阅读资源的出版有多方面的应用建议。分级阅读从 2008 年前后初次进入出版领域以来，对于出版社而言已经不再是一个陌生的概念，或许还会在某些出版人心里与"炒冷饭""过时"画等号。但近几年国内学界对分级阅读的深入研究，以及全民阅读时代与教育现场需求导致的巨大阅读教育市场的现实，使分级阅读为出版开辟了一条全新的阅读服务产业链。下面具体说明"鎏阅"标准对童书出版的应用建议。

一是分级意识应成为童书出版的支撑性理念之一。"鎏阅"标准研制的核心理念便是尊重儿童的阅读发展阶段论，不同的阅读发展阶段与儿童的实际年龄相关，同一个年龄段的不同孩子也展现出"阅读年龄"的差异。这实际上就是一种强烈的分级意识。童书出版分类多元，纵向可以按年龄分，横向可以按主题、文体等分类，但无论如何分类，分级意识都有助于为书找到合适的读者。

很多编辑与作者都希望出版的图书适合读者终身阅读，但这是不现实的，即便是享誉世界的安徒生童话也需要改变文字和叙述方式，才能适合低幼儿童阅读。再如，反对为自己的图书划分阅读受众的 J. K. 罗琳，想必也不会否认自己的书不适合刚出生的婴儿阅读。所以，分级的意识理应成为童书出版人的必备意识。但是，现实的情况是，由于对儿童各年龄段阅读发展水平的不了解，市面上很多图书在"阅读年龄"上张冠李戴。比如著名的哲理绘本《失落的一角》《活了100万次的猫》《逃家小兔》受众定位为幼儿,但对幼儿而言,他们只是看到了故事的表面叙述,对身边的成年人不停给他们讲解的"爱的价值"却难以理解。幼儿对具象的人物、跌宕的情节、重复的三段式、富有节奏的语言、夸张的对话等都会表现出阅读兴趣。而到了小学阶段,随着学校生活的开始,儿童读者会对校园主题的作品产生不同以往的阅读兴趣。对于这些不同阶段儿童兴趣点的了解,就是分级意识形成的基础。

分级意识应该贯穿于出版行为的各个环节,从选题立项、作品编制到图书推广。编辑要非常明确作品到底要给哪个阶段的儿童阅读,这个阶段的儿童到底有哪些阅读特点,针对这些特点从立项到推广都应该有哪些提前的预设准备。很多童书的出版并不研究真正的阅读群体,而是去研究同行的出版,看同行都是如何做某一类书的,而对于消费群体却知之甚少。这就是为什么现在的童书市场依然会出现很多好童书找不到适合的读者,读者找不到适合的好童书的错位局面。

二是加强对儿童阅读教育市场的认识。"鎏阅"标准不是一个象牙塔里的学术理论,教育应用性是它的重要特点。童书出版应合理运用"鎏阅"标准加强对儿童阅读教育市场的了解。分级阅读对于国内出版界而言不是一个新鲜词,但对阅读教育现场的儿童、教师和家长而言相当陌生。以笔者参加的多次讲座活动为例,听说过"分级阅读"或隶属分级阅读初阶文字书的"桥梁书"概念的教师和家长少之又少,更别说少年儿童了。为什么一个在出版界曾经炒得火热的"老概念",却在这个概念真正应该普及推广的教育现场,成了一个新鲜词儿呢? 这背后其实是出版与教育之间的脱节,也是童书出版与教育市场的脱节。我们的童书作者、出版人员其实没有通过常态机制进入教育现场来了解学校和家庭的机会。一些校园推广活动,也只是季节性地进入学校做一些常规讲座,并没有机会通过与教师对谈、家长访谈或学生课堂观察来了解童书市场的真实需求。全民阅读提倡的持续发力及教材的统一使用、高考语文的新变化,让阅读教育市场中的童书出版成了一个需要得到极大关注的领域。对于读物、阅读能力发展与小学学段的对接,儿童阅读五大文体的分门别类,阅读素养框架的构建等方面,"鎏阅"标准都有助于促进出版工作者对阅读教育市场的专业认知。

三是运用标准开发体系化的分级阅读读物。分级读物的出版对于很多出版社而言并不是一个新产品门类。早在 2010 年前后,也就是分级阅读出版最为火热的时候,很多出版社,尤其是童书出版社都在跃跃欲试地开发自己的分级读物。只是业内一直缺乏专业化标准的指导,导致分级读物的开发雷声大雨点小,没有后劲,不能形成持续的生产能力。所以,在国外很多优质童书出版社里已成为一条产品线的分级阅读读物没有出现在我们的童书出版里。是我们现有的市场不需要吗?答案绝对是否定的。看现今在线阅读教育企业的分级阅读数字化产品的热度,就知道实际的市场需求了。很多互联网产品的提供商,如得到、中文在线、凯叔讲故事等都纷纷推出了自己的分级阅读教育数字化产品。全国各地在近几年还冒出了数百家大大小小的分级阅读在线测评平台公司。分级阅读教育正在成为互联网投资的热点项目。是这些互联网公司在人为制造一个分级阅读市场吗?当然不是,它们的出现只是应运而生,是满足市场需要的一种市场服务行为而已。如前文所述,全民阅读的大环境及现今考试的变化,都把阅读提到了基础教育的一个重要位置,而要系统地提供阅读教育的服务,分级阅读是一个很好的思路。因为它用阶梯化的分级读物与指导体系解决了"儿童读什么？怎么读？读了如何评价？"的三个根本性阅读教育难点与重点。

我们的童书出版应该认清现今对于分级阅读新的市场需求，可以运用"鎏阅"标准将分级读物的开发按原创分级读物的研发、既有读物的分级归类双线推进。笔者曾详细论述过阅读学习类读物的构成与发展趋势，它是现今阅读教育市场升级后的一个重要产品线，是指向阅读教育的新型童书产品，而分级读物应成为阅读学习类读物产品线中一个重要的门类。我们的母语学习，无论是语言的工具学习还是人文性的审美学习，都离不开母语原创作品的阅读。因此，原创分级读物的开发从选题策划、图书创作就要遵从一定的分级标准。如笔者创作的分级阅读初阶读物桥梁书"小豆包"系列，从文字创作到插图配置，都是按照"鎏阅"分级标准的童话读物水平要求来进行的。故事文本按每行不超过 15 个汉字的诗歌体排版，95％的文字都是小学低学段的常用汉字，句式以陈述句、一般疑问句等简单句式为主，这样的分级创作保证了读物的适宜性，与目标读者的阅读水平高度匹配。同时，该读物所研发的桥梁书阅读课程以"鎏阅"童话阅读能力评价水平标准为教研依据，用适宜的分级指导帮助儿童从亲子共读顺利过渡到自主阅读。因为读物与指导的适宜性，这套桥梁书与阅读课程成了全国数百所学校的校本阅读课，推动了分级阅读在学校教育的有效落地实施。除研发原创读物外，既有的童书出版物也可以运用"鎏阅"标准进行分级归类，尊重儿童阅读发展的阶段理论，配合相应的阅读指导，循序渐进地推动儿童阅读素养的提升。

基于现今阅读市场的新需求、互联网分级阅读教育产品的带动、"鎏阅"标准等相关中文分级阅读教育领域学术研究的深入与推广,分级读物出版势必会成为童书出版的一个重要趋势。

首先,分级读物的出版专业性会成为推动产品持续发展的重要生命力。如今若只套用一个分级阅读的概念来包装一套书,已经不太可能在市场上有一席之地了。因为现在的家长和教师看重的不仅仅是优质内容的提供,更看重读物匹配的指导和体系化培养。现在的时代不是无书可选,而是太多书能选,为消费者根据他们的现实需求选好书、做好书,才能解决他们的"选择焦虑"。因此,为了加强分级读物出版的专业性,一个可行的方案就是联合相关学术单位,请专业的人做专业的事,分工合作,保证分级读物出版的专业性,这也是国外很多出版社成功推出分级读物的做法。如牛津大学出版社"牛津阅读树"系列的开发就依靠了牛津大学学术力量的支持。同时,出版社也可以培养自己的专业力量,比如为编辑提供专业阅读教育培训,或者直接招聘相关专业的人才作为编辑。现在童书出版社的编辑学科背景以汉语言文学、出版编辑专业居多,可以适当增加教育专业背景的编辑,助力分级阅读教育产品的专业开发。

其次,分级阅读的纸质图书与数字化产品的结合出版将成为满足市场需求的产品新形态。分级阅读教育的核心年龄是 3—12 岁,即幼儿园、小学阶段的儿童,其中幼儿园阶段以听读为主,小学阶段以自读为主。阶段的身心发展特点决定了其阅读的主体是纸质图书。但是,在数字化时代背景下,只有纸质书显然不能满足新一代儿童的阅读需求,他们是从小听着手机里的故事长大的一代,新媒体对他们来说并不陌生。如何将新媒体有效融入纸质书阅读中,让阅读教育互动化、立体化、情境化,就成了现今分级阅读出版的重要课题,不管这个课题"研究"的过程有多艰难,都不会改变分级阅读教育产品实体与虚拟双方式呈现的出版趋势。

此外,分级阅读出版会出现校园阅读与家庭阅读既有区分又有联系的双产品门类。十年前,校园阅读教育对于儿童课外阅读的重视才起步,把教材的相关内容教好就基本满足了阅读教育的需求。但是,随着国家对儿童阅读的大力推动,尤其是近年统编教材的使用,课外阅读课内化已经成为学校阅读教育的现实,用什么来提升教材与课标要求的阅读量,成了学校阅读教育重点研究的内容。因此,配合学校教育需求的分级阅读教育产品的开发将成为童书出版的重要思路。除学校需求加大外,现在年轻一代父母对阅读也非常重视。阅读是所有学科的基础,已经被越来越多的家长所意识到。家庭阅读教育也需要有相应成体系的阅读教育产品来满足儿童学习的需求。分级阅读教育产品体系化、阶梯化,完全可以满足家庭阅读教育的现实需求。不难预见,分级阅读教育产品会以学校与家庭为方向分成两条既有联系又互为补充的产品线。

第十一章　标准的阅读推广应用[①]

无论是儿童读物的编辑、营销人员还是书店的工作人员,都应该加强专业分级阅读素养,积极投身于专业的阅读推广事业中。那么桥梁书作为特殊的儿童读物,有哪些阅读推广方式呢?下面将以完整的桥梁书阅读推广设计思路来作具体阐释。

一、阅读推广准备

1. 了解桥梁书理念

桥梁书的概念是由分级阅读体系中的初阶文字书阅读理念而来,如果阅读指导者对桥梁书为何物尚不了解,那么要对桥梁书进行阅读指导也就变得毫无可能。因此,桥梁书阅读指导的重要前提就是桥梁书理念的普及。欧美作为分级阅读理念的发源地,多年前已经注意到阅读理念普及对阅读活动推广的重要作用,并采取了一系列措施进行普及工作。比如英国的"阅读起跑线计划",它是世界上第一个国家工程性质的专门为婴幼儿提供阅读指导服务的计划。该计划的核心部分是由公共图书馆、教育部门等多家机构联手为婴幼儿家庭发放免费的阅读包。发放阅读包的目的是让更多的父母了解阅读开展的具体理念和相关活动,让他们了解在亲子阅读过程中遇到困难时,可以在哪里获得哪些帮助。因而,推广者在进行桥

---

① 本文合作者为闫仕豪。

梁书推广的准备工作时,需充分查阅文献,对桥梁书的概念、特点、性质等充分了解,这样才能按照桥梁书的自有特征来推广活动的设计。

"鎏阅"分级体系中有针对桥梁书的专门研究,并形成了一整套桥梁书文本理论。桥梁书是介于以图画为主的书与纯文字书之间的一种读物,其主要作用在于帮助孩子实现从读图到读文字,从亲子阅读、教师伴读到独立阅读的顺利过渡,从而让孩子的独立阅读能力有所发展。桥梁书的概念源于欧美,英文是 Bridging Books,中国台湾地区出版界引进后译为"桥梁书"。桥梁书的重要功能是帮助儿童获得独立阅读能力,这与桥梁书的自身特点存在密切关系。

"鎏阅"体系提出,汉语类的桥梁书核心特点如下:一,文字长短适中,整本书的字数在 1 万以内,单篇作品的篇幅为 3000 字左右;二,桥梁书里 95% 的文字为课标规定的小学一、二年级常用汉字;三,句式以陈述句、一般疑问句等简单句式为主,以对话形式呈现;四,文图比例约为 2:1,每一张跨页包含两张小图或一张大图;五,版式采用诗歌体,每行不超过 15 个汉字,以便于儿童阅读;六,人物形象类型化,人物关系简单,常采用起因、经过、高潮、圆满结局的故事模式进行叙述。桥梁书的核心读者为 6—9 岁的儿童,即小学中低学段的儿童,他们在思维发展上处于具象思维阶段,在阅读时往往喜欢以图画为主的读物,对文字较多的抽象内容比较抵触。桥梁书的出现,以接近儿童生活经验的主题、幽默有趣的故事形式,引导儿童喜欢上阅读,渐渐适应篇幅加长的文字书,自然而然能够带领儿童探索更大的阅读世界。

2. 精心挑选适合儿童的桥梁书

桥梁书进入大陆市场之后,成了出版商纷纷争抢的新"蛋糕",

国外各类桥梁书作品的引进，国内原创桥梁书的开发，质量水平参差不齐。教育功能指向应是选择桥梁书的第一定律，也就是说桥梁书的首要目的是帮助儿童提升独立阅读能力。优秀的桥梁书作品在以儿童本位作为出发点和立足点的基础上，从内容与形式上有针对性地帮助儿童提升独立阅读力，从儿童熟悉的自然领域、生活领域和想象领域进行取材，再通过合适的图文比例，配合儿童的阅读习惯，以较为基础的字、词、语法呈现内容，这才是真正适合儿童的桥梁读物。国内首套以"鎏阅"标准为创编支撑的桥梁书——"爱悦读"桥梁书·小豆包系列已经成为国内众多学校、家长为孩子选择母语桥梁书的首选品牌读物。其理论研究、作品开发、同名课程推广、儿童舞台剧与教育游戏构成了独一无二的桥梁书阅读教育产品线。已出版的 10 本"小豆包"桥梁书作为校本阅读推荐读物，已经进入全国数百所小学的课堂，为 6—9 岁的孩子搭建一座从图画阅读走向文字阅读的桥梁。

二、阅读推广导入环节

1. 指导儿童关注图书细节

作为一本图书的有机组成部分，封面、封底、扉页、版权页、引言页、前后勒口、目录等都是图书传递信息的载体。对细节关注的欠缺，对儿童良好阅读习惯和有效阅读方法的培养有直接的不利影响。我们在指导儿童进行桥梁书阅读活动时，要培养他们关注图书细节的整体阅读意识，引导他们在细节中获得更丰富的阅读体验。

封面是读者最先接触的阅读内容，包含着许多重要信息。读者可了解书名、作者等基本信息，判断图书的风格和大致内容。如《小豆包的好朋友》封面上画着奔跑的小豆包、小饺子以及一条吐着舌头的大蛇。根据这些信息,儿童很容易获悉小豆包的好朋友就是小饺子,它们在某天遇见了可怕的大蛇。前勒口和后勒口一般是作者简介和相关图书推荐,可以让读者在了解作者信息的同时扩展阅读途径,发现更多优质的图书。在"小豆包"桥梁书的后勒口上印着本系列其他作品的封面,儿童如果喜欢这本图书,可以继续尝试其他9本图书的阅读,直接获得有效的阅读推荐。

图书其他部分也同样有重要的作用,如目录,可以使读者快速了解一本书都讲述了哪些故事,从而快速掌握图书的主要内容信息;引言会包含一段关于本书内容的引子,故事的引子就是故事的开头,常常会告诉我们故事发生的地点、人物等重要信息。

2. 帮助儿童树立阅读目标

中低年级儿童尚不具有独立阅读能力,无法为自己树立明确的阅读目标,只是在阅读过程中扮演着纯粹阅读者的角色,即不带有任何目的地进行自由阅读。这种确立阅读目标的指导意识对于指导者来说并不陌生,它已经存在于我们的阅读过程中,一般为陈列式和提问式两种。陈列式就像科目教学中的教学目标一样,是指将在阅读中应该达到哪几项目标罗列出来,给儿童以直观引导,让他们直接对照阅读目标展开阅读。提问式则是将这些目标细化为小的问题,让儿童在阅读中带着问题去寻找答案。

"小豆包"桥梁书读书会主要采取了提问式的目标确立法,通过设置问题纸条箱,将故事的主要情节化为问题写在纸条上,放进纸条箱内,由儿童进行抽取,再根据所抽取的问题带有指向性和目标性地进行阅读。在帮助儿童明确阅读目标时,也可以充分发掘儿童的自主性,让他们从自己的角度出发,确立个人阅读目标。阅读目标的确立,对于阅读活动起到重要的靶向作用,能够帮助儿童找到阅读方向,展开更有意义的阅读活动。作为阅读指导者,应依据儿童的不同阅读能力层级予以引导。

三、阅读推广核心过程

1. 协助儿童理清故事思路

小学中低学段的儿童处于阅读能力发展的初期阶段,各项阅读能力都发展缓慢。这一时期的儿童仍以具象思维为主,他们对于形象直观的事物容易接受,在掌握抽象概念和逻辑关系方面有一定难度。这就导致很多儿童在阅读后出现思维混乱、难以理解很多情节的状况。一般这个阶段的儿童很难理清故事思路并进行有条理的故事复述,更难以认识到故事中情节的具体关联性。

对于以上问题,桥梁书便是一种很好的解决途径。比如,"小豆包"桥梁书中设置了"故事地图"环节,这是帮助儿童梳理故事发展脉络的有效途径。通过故事地图,儿童可以快速了解故事性文本的六要素:时间、地点、人物、起因、经过和结果,从而在头脑中将故事情节合理有序地串联起来,形成思维空间的抽象联系。这样的故事地图,可以引导儿童快速把握并理解故事内容,甚至流利地复述故事内容,更重要的是培养儿童有意识地提取关键信息、进行深入思考的阅读习惯。

2. 帮助儿童明确人物形象

在桥梁书阅读推广中,我们可以采取建立"人物角色网"的方式引导儿童对人物形象进行分析。儿童根据初步阅读体验,在众多人物中选择自己感兴趣的人物作为分析对象。随后再次精读故事原文,找到与目标人物形象相关的故事情节、人物语言、神态心理等描写,对人物形象有大致把握。最后儿童会根据他们所感知的人物形象特点,依据故事中的细节,进行总结陈述。通过这样的方法训练,儿童将逐渐形成对故事人物形象的感知能力和判断能力,这将有助于他们理解故事,形成文学阅读方法。

四、阅读推广后的指导

1. 搭建自由的阅读交流平台

小学低学段的小读者处于思维能力和想象能力迅速发展时期,如果所阅读的文本内容贴近他们的生活体验,很容易引发他们的经验共鸣。同时儿童丰富且独特的想象力,也会使他们对故事内容产生很多问题和联想。因此,进行阅读交流就显得尤为重要。

阅读交流使阅读活动成为一种双向互动的活动,能够促使儿童在交流中对阅读产生更大的兴趣,从而让阅读成为一种持续性活动,这便是阅读交流的价值所在。桥梁书的又一特点就是为儿童提供多种阅读交流途径。我们以"小豆包"桥梁书阅读为例来看,首先,图书本身就为儿童提供了交流平台。在阅读活动开始前的"聊一聊"模块,可以让儿童根据故事主题结合自身生活经验,与书本、作者、其他读者形成自由讨论。阅读活动完成后的"写一写"模块,可以为儿童心中所感所想留有发挥之地。其次,图书配套的阅读指导方案也设置了广泛的交流渠道。每次推广活动中都设有"故事延伸"环节,比如儿童在阅读完故事《吵架》后,可以和发生过矛盾的伙伴沟通交流,而在读过《馅儿怎么可能在外面》后,儿童可以畅谈自己在生活中见过的类似事物。

2. 开展丰富多彩的阅读游戏活动

传统的阅读指导活动主要以读书交流会、读后感展示、讲故事比赛等形式开展,我们更建议将阅读活动与游戏活动结合起来,在儿童更喜欢的游戏方式中融入阅读扩展活动。比如在小豆包桥梁书阅读活动中,我们设计了"手绘故事地图"环节,儿童可以自由创作地图,在绘画中理清故事思路;"图书馆探秘"活动则是对故事内容延伸的体验活动,让儿童去不同的图书馆,发现更多有趣的事物。儿童在阅读游戏中主动建构自身的知识经验,通过游戏的形式学习阅读方法,提高阅读能力,逐步学会独立阅读。

　　桥梁书对于儿童的阅读发展起着重要作用,优秀的桥梁书阅读与推广可以为儿童搭建一座从以阅读图画为主的书走向阅读纯文字书、由成人伴读通往独立阅读的桥梁。出版者在认识到桥梁书价值的同时,获取更多富有针对性的推广策略的指导,使儿童在整个阅读过程中享受独立阅读的成就感,并从阅读中获得积极的情感体验,最终使儿童通过桥梁书阅读成为一个自信的阅读者,终身畅享阅读。

附录

附录1　群文分级阅读教学课例
——"童研群文分级阅读课程"（节选）

第一单元　藏着科学的童话

开始本单元教学前,您可以就这些问题和学生进行互动:

你喜欢什么样的童话?

你知道科学童话吗?

 第一步:文本分析(部分文本)

狐狸和大熊

王蕾／著

<u>狐狸和大熊是邻居,狐狸很聪明,大熊挺老实。</u>

有一天,狐狸对大熊说:"熊大哥,我们一起种地吧,我去找种子。"

大熊点点头答应了。

春天一到,狐狸很快就找来了种子。

大熊拿起锄头,挖土翻地,不一

分析:

　　开篇即点明狐狸和大熊各自的特点:狐狸聪明,大熊老实。此外,文中还通过一些关键词和几个重点情节的描写体现了二者的特点。

87

会儿的工夫,就把狐狸找来的种子都种下去了。

过了没几天,种子发出翠绿的嫩芽。

狐狸笑眯眯地对大熊说:"熊大哥,这些种子种下去,很快就会开花结果了,我是个大方的人,收获时我就要地下的部分,地上的全归你。"

大熊憨厚地笑了笑,点点头答应了。

太阳照,风儿吹,雨水浇。

绿油油的叶子长了一地,开出了漂亮的小白花。

收获的时候到了,狐狸和大熊一同来到了地里。

<u>按照之前的约定,大熊拿走了地上的叶子,那么狐狸呢?对,狐狸应该拿走地下的部分。可是地下有什么,不就是蔬菜的根吗?</u>

不是的,原来地下全是又大又圆的土豆!

<u>狐狸早知道种下的土豆会长在地下。</u>

没过几天,狐狸又来找大熊:"这次我们继续种地,你拿地下的,我拿地上的,怎么样?"

大熊又点点头答应了。

可是,狡猾的狐狸这次找来的是卷心菜的种子。

<u>太阳照,风儿吹,雨水浇,很快又到了收获的时候。</u>

满地都是绿油油的菜叶。

大熊傻了眼,狐狸笑咧了嘴。

一整个冬天,狐狸把卷心菜吃了个精光。

大熊呢,心里想着找机会一定要教训一下狡猾的狐狸。

春天来了,大熊主动跟狐狸说:"狐狸老弟,我从外面找来一些种

分析:

明白本文蕴含的科学小知识:植物能吃的部分可能长在地下,如土豆;可能长在地上,如卷心菜;可能长在果实的里面,如大豆;也可能长在果实的外面,如桃子。除上述植物外,生活中还能见到很多具有类似特征的植物,可以让学生多积累。

分析:

科学童话具有童话的特点,即通过丰富的幻想和想象来编写故事。故事情节曲折,通常采用拟人的手法。可让学生找出文中的关键情节或句子,体会童话最大的特点——幻想性以及拟人手法的运用。

子,我想这次收获时,我只要果实的里面,其余的都归你。"

狐狸一听除了果实里面,其余都归自己,想都没想就答应了。

太阳照,风儿吹,雨水浇。

很快,又到了收获的时候。

这次种下的是大豆,大熊慢悠悠地剥开豆荚,把圆润饱满的大豆择出来,集了满满一口袋,高高兴兴地回家了。狐狸在一旁气得两眼发直。

过了些日子,狐狸发现大熊总是拎着水桶和剪子跑出去,就悄悄地跟在后面。

在一片小树林前,大熊一边修剪枝叶,一边故意大声说:

"这次果实里面的东西可要比上次大多了。"

狐狸偷听到大熊的话,心里盘算着:

"臭大熊,这次我要让你尝尝我狐狸的厉害!"

狐狸笑眯眯地跑到大熊身边,拿起水壶浇水,说道:"熊大哥,你看这次小弟也干活了,收获时也该算我一份吧。"

大熊憨厚地笑笑,正准备说话,却被狐狸打断了:"熊大哥,上次收获时我拿了果实的外面,这次我要果实的里面,外面都归你。"大熊装作无可奈何地点点头。

太阳照,风儿吹,雨水浇。

很快,又到了收获的时候。

满树的桃子成熟了,个个红彤彤,香喷喷。

大熊一口一个大桃子,吐了一地的桃核儿。

狐狸守着一堆桃核儿,气得眼冒金星。

分析：

除了具有童话的特点之外,科学童话还有一个很突出的特点,就是兼具知识性。教师可根据学生的发展水平加以总结、提示。

分析：

在和大熊一起种地的过程中,狡猾的狐狸欺骗了大熊两次,最后失去了大熊的信任,并为此付出了代价。教师可让学生找出在四次种地的过程中,狐狸一开始如何对待大熊,而大熊最后又是如何反击的。引导学生在此过程中感悟道理(如生活中要真诚友好待人等)。

第二步:教学方案(教师教读)

红色小队:指导流程

第一课时

一、开篇导入

(一)了解作品信息

1. 教师引导学生朗读故事名,请学生说一说从中得到了哪些信息。

2. 随着学生回答,教师介绍作者信息。

(二)激发阅读兴趣

1. 教师引导学生思考:你觉得狐狸和大熊是什么样子的呢?

2. 教师引导学生说出这两种动物的样子,示意学生举手回答。

(三)猜测故事内容

1. 组织学生再次朗读故事名,猜测狐狸和大熊之间发生了什么。

2. 组织全班交流。

二、走进故事内容

(一)感受童话的特点

1. 教师出示童话故事《小公鸡和小鸭子》,让学生了解群文阅读法。

(1)教师引导学生比较《小公鸡和小鸭子》与《狐狸和大熊》。

(2)学生自己阅读这两篇童话故事,思考它们各自的特点。

(3)举手交流。

2. 教师朗读两篇童话,学生认真听,学习群文阅读法。

(1)教师朗读后,学生自己阅读文字内容,将不明白的字圈起来。

（2）同桌分工，一人讲述一页内容。

（3）教师巡视，将学生不认识的字做上标记。

（4）同桌互读互查。

3. 教师点拨阅读方法：

阅读时，可以将自己熟悉的童话与《狐狸和大熊》进行比较，从而发现童话的特点，如将《小公鸡和小鸭子》与《狐狸和大熊》进行比较。

（二）学习阅读方法

1. 教师引导学生概括文章的主要内容，抓住关键情节。

（1）教师引导学生分段阅读文章内容，提出思考问题：请你说一说，文中的关键情节有哪些？

（2）学生分段阅读文章内容，思考教师提出的问题。

（3）学生举手回答，全班进行交流。

提示：在此过程中，教师要引导学生尝试用自己的话进行有序、完整的讲述。

2. 教师随着学生的回答进行板书：

第一次	种土豆
第二次	种卷心菜
第三次	种大豆
第四次	种桃子

3. 学习关注人物行为语言阅读法。

（1）学生朗读文章，深入体会狐狸和大熊的性格与做事方式的不同之处。

（2）教师引导学生关注狐狸与大熊的对话和行为。

（3）同桌分角色扮演，朗读对话内容，交流狐狸与大熊性格的不同之处。

（4）教师巡视，了解学习情况。

（5）请一组同桌配以恰当的动作、表情进行表演朗读，引导学生进一步理解狐狸的狡猾和大熊的憨厚。

（6）交流感受，明白狐狸和大熊之间的差异，领会道理。

（7）教师点拨，让学生关注人物行为语言阅读法：

阅读时，关注人物的行为和语言可以帮助我们更好地理解人物的性格，从而更好地理解文章内容和人物情感。

4. 教师引导学生运用群文阅读法。

（1）学生自主阅读文字部分，回忆自己以前读过的童话。

（2）同桌之间交流自己读过的童话。

（3）教师巡视，寻找学习效果好的学生交流。

（4）全班交流。

（5）教师范读。

5. 教师引导学生总结如何运用群文阅读法：

（1）联系以前读过或学过的同类文章。

（2）找出同类文章的共同点。

第二课时

一、回顾故事内容，介绍阅读方法

1. 教师导入：上节课，我们和狐狸、大熊成了好朋友，谁能说一说，它们之间发生了哪些故事？请举手回答。

提示：讲故事是语文学习的重要方式，引导学生进行完整表述，

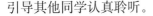

引导其他同学认真聆听。

2. 教师提问：上节课你学会了哪些阅读方法？示意学生举手回答。

提示：教师可以引导学生举例回答，注意提醒学生进行完整表述。

二、运用阅读方法

1. 教师引导学生利用两种阅读方法阅读故事内容。

（1）教师朗读文字内容，让学生听后自主阅读故事内容，圈出不明白的内容。

（2）教师巡视，对学生之间交流后有疑问的地方进行指导。

（3）教师提问是否有不明白的地方，全班一起解决。

（4）教师提问：阅读故事内容后，请说一说发生了什么事情？请学生举手回答。

提示：引导学生按照顺序进行表述。学生可能说得不全面，教师可以通过提问进行引导。

2. 教师提问：如果你是大熊，被狐狸一次次地捉弄，你的心情如何？示意学生举手回答问题。

3. 请学生带着大熊的心情，朗读文字部分。

4. 教师组织学生运用阅读方法，自主阅读故事内容。教师分配同桌阅读任务，一人读一页。

5. 完成精读教材里的阅读游戏。

（1）自己思考完成。

（2）同桌交流阅读游戏内容。

（3）教师选取优秀的学生回答进行展示，核对答案。

6. 教师提问：从故事中，你明白了哪些科学知识？

（1）同桌交流自己获得的科学知识。

（2）学生举手回答。

（3）教师随着学生的回答板书：

> 植物能吃的部分可能长在地下或地上，也有可能长在果实的里面或者外面。

三、感受故事的道理

1. 朗读故事内容。

（1）让学生自己朗读。

（2）教师请一名学生进行朗读。

2. 教师引导全班同学一起讨论故事中的道理。

3. 教师提问、学生举手回答：你从中明白了什么道理？

（如生活中要真诚、友好待人等）

4. 教师提问、学生举手回答：你是怎么和朋友相处的？

（答案不唯一，言之有理即可）

四、总结升华，交流感受

（一）感受童话的魅力

1. 同桌之间互相交流：阅读完这个故事，你对读书有什么看法？

提示：引导学生进行完整表述，鼓励学生根据内容进行表述。

2. 教师点名，学生与全班分享。

3. 学生举手，回答自己从阅读中感受到的乐趣和收获。

（二）回顾阅读方法，延伸语文课堂

1. 教师提问：本次阅读课上，我们学习了哪些阅读方法？是如何运用的呢？示意学生举手回答。

提示：引导学生进行完整表述，鼓励学生列举故事情节。

2.教师总结：这两种阅读方法在我们的语文学习中也十分重要！我们要在以后的学习中运用这两种方法。

（三）画植物果实，积累科学知识

1.请学生拿出白纸、彩笔。

2.向学生讲解如何绘制植物，尤其是果实。

每次认识一种新的植物，就可以在这张白纸上画出它们的果实，最后看看谁画得最多。现在就从这个故事中提到的植物开始画吧。

黄色小队：指导流程

第一课时

一、开篇导入

（一）了解作品信息

1.教师引导学生朗读故事名。

2.教师介绍故事名中包含的信息。

3.教师介绍作者的信息。

（二）激发阅读兴趣

1.教师引导学生思考：你印象中的狐狸和大熊是什么样子的呢？

2.教师引导学生说出这两种动物的样子，示意学生举手回答。

（三）猜测故事内容

1.组织学生再次读题目，猜测这篇童话讲了什么故事。

2.组织全班交流。

二、走进故事内容

（一）了解群文阅读法

1. 教师带领学生一起阅读故事内容，了解群文阅读法。

（1）教师和学生一起朗读故事内容。

（2）教师出示童话故事《小公鸡和小鸭子》，引导学生借助已有阅读经验进行阅读。

（3）教师提问：这两篇文章有什么联系？

（4）教师引导学生进行完整讲述。

2. 教师带领学生一起阅读故事内容，学习群文阅读法。

在阅读的过程中，教师指出这两篇文章都是童话故事，引导学生借助已有阅读经验进行阅读。

3. 教师提问：你能发现这两篇文章的特点吗？带领学生感受群文关系。

4. 教师点拨群文阅读法：

阅读时，可以将熟悉的童话与《狐狸和大熊》联系起来阅读，从而发现童话的特点。

（二）了解故事内容

1. 教师带领学生阅读故事，边读边思考文章的大致内容。

（1）学生带着问题分段读文章。

（2）教师给出提示概要。

提示概要：人物、地点、时间、故事的主要内容。

（3）学生思考，举手回答。

2. 教师带领学生概括故事关键情节。

（1）学生自己思考。

（2）同桌交流，概括文章的关键情节。

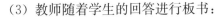

(3) 教师随着学生的回答进行板书:

第一次　　　　　　　种土豆

第二次　　　　　　　种卷心菜

第三次　　　　　　　种大豆

第四次　　　　　　　种桃子

3. 教师带领学生运用群文阅读法阅读故事内容。

(1) 同桌一起阅读,将不明白的内容圈出来,并试着根据已有的阅读经验进行理解。

(2) 教师巡视,了解学情。

(3) 教师带着学生一起阅读,利用群文阅读法讲解学生不明白的地方。

4. 教师提问:阅读之后,你喜欢狐狸还是大熊,为什么? 请学生自己思考,然后举手回答问题。

提示:引导学生进行完整表述,简单说一说理由。

(三) 学习关注人物行为语言阅读法

1. 教师带领学生阅读故事内容,提问:你觉得狐狸和大熊有什么不同?

(1) 教师引导学生关注人物对话。

(2) 同桌互读,注意人物对话、行为相关描写。体会狐狸和大熊的语言、心理活动的区别。

(3) 同桌角色扮演进行合作阅读,体会、交流狐狸和大熊的不同性格。

(4) 教师巡视。

（5）请一组同桌阅读，配合恰当的动作、表情，引导学生进一步理解狐狸的狡猾和大熊的憨厚。

（6）全班交流，明白狐狸和大熊之间的差异，领会道理。

2. 教师引导学生关注人物的语言和动作，请同学们说一说人物的形象，了解关注人物行为语言阅读法。

3. 教师总结关注人物行为语言阅读法。

阅读时，找出人物的行为和语言，可以帮助我们更好地分析不同人物的性格特点。

（四）感受狐狸与大熊之间的性格差异

1. 学生自己阅读故事内容，思考狐狸和大熊性格的不同之处。

（1）同桌之间互相交流，教师巡视，进行指导。

（2）教师请学生进行全班汇报。

提示：教师引导学生按照故事内容进行描述，引导学生完整表述。

2. 教师带读文字内容，请学生思考自己和朋友之间的相处过程，培养真诚待人的品质。

第二课时

一、回顾故事内容和阅读方法

1. 教师带领学生回顾故事内容。

（1）学生与同桌相互讲一讲上节课的故事内容。

（2）教师巡视，寻找学习效果好的小组，进行全班交流。

提示：全班展示时，教师注意引导讲故事的同学表达清楚，其他同学认真听，养成良好的讲故事、听故事的学习习惯。

2. 教师带领学生回顾阅读方法。

（1）什么是群文阅读法？什么是关注人物行为语言阅读法？

教师示意学生举手回答。

（2）教师根据学生回答,结合上节课的具体例子,再次进行讲解或者补充。

二、体会故事中蕴含的科学知识

教师引导学生找出故事中的科学知识。

（1）教师带读故事内容。

（2）同桌交流,教师巡视指导。

（3）请学生举手回答,与全班分享。

（4）教师随着学生的回答进行板书:

> 植物能吃的部分可能长在地下,也可能长在地上,还有可能长在果实的里面或者外面。

三、总结升华,交流感受

（一）分享阅读乐趣

1.同桌之间互相交流:阅读完这个故事后,哪个故事情节给你留下了深刻的印象? 为什么?

提示:引导学生进行完整表述,鼓励学生依据故事内容进行表述。

2.学生举手回答自己从阅读中感受到的乐趣和收获。

3.同桌之间一起完成阅读游戏。

（1）教师巡视,及时给予指导。

（2）寻找完成度高的小组进行展示,核对答案。

（二）回顾阅读方法,延伸语文学习

1.教师提问、同桌之间交流:本次我们学会了哪些阅读方法? 如何运用?

2. 教师巡视,选取学生进行全班展示。

3. 教师出示学生以前学过的童话,和本篇故事进行比较,请学生找一找它们的相同点。

4. 教师引导学生说一说在本篇文章的学习过程中,运用了哪种阅读法,鼓励学生学会灵活运用。

(三)画植物果实,积累科学知识

1. 请学生拿出白纸、彩笔。

2. 教师向学生讲解如何绘制植物,尤其是果实。

每认识一种新的植物,就可以在白纸上画出它们的果实,最后看看谁画得最多。现在就从这个故事中提到的植物开始画吧。

蓝色小队:指导流程

第一课时

一、开篇导入

(一)了解作品信息

1. 教师带读故事名。

2. 教师介绍故事名中包含的信息。

3. 教师介绍作者信息。

(二)激发阅读兴趣

1. 教师引导学生思考:你印象中的狐狸和大熊是什么样子的呢?

2. 教师引导学生说出这两种动物的样子,示意学生举手回答。

(三)猜测故事内容

1. 组织学生再次观察题目,猜测这本书的故事内容。

2. 组织全班交流。

二、走进故事内容

（一）学习群文阅读法

1. 教师阅读故事内容，学生了解群文阅读法。

（1）教师范读《狐狸和大熊》故事内容。

（2）教师出示教材中的童话故事《小公鸡和小鸭子》，引导学生借助已有阅读经验进行阅读，丰富对童话特点的感受与理解。

（3）教师请一组学生作示范，说一说故事内容。

提示：学生示范时，教师应引导学生尽量进行完整表述。

（4）教师带领学生一起模仿，表述故事内容。

2. 教师讲述故事内容，学生学习群文阅读法。

阅读时，可以将熟悉的童话与《狐狸和大熊》联系起来阅读，从而发现童话的特点。

3. 教师点拨群文阅读法：

在阅读的过程中，教师指出这两篇文章都是童话故事，引导学生借助已有阅读经验进行阅读。

（二）了解故事内容

1. 教师引导学生阅读故事内容，边读边思考文章的大致内容。

（1）学生带着问题分段读文章。

（2）教师提示故事概要。

提示概要：人物、地点、时间、故事的主要内容。

（3）学生思考，举手回答。

2. 教师引导学生概括故事关键情节。

（1）学生自己思考。

（2）同桌交流，概括文章的关键情节。

（3）教师随着学生的回答进行板书：

第一次　　　　　　种土豆

第二次　　　　　　种卷心菜

第三次　　　　　　种大豆

第四次　　　　　　种桃子

（三）学习关注人物行为语言阅读法

1. 教师带领学生阅读故事内容,提问:你觉得狐狸和大熊有什么不同?

（1）教师讲解,引导学生抓住描写狐狸、大熊的语言、神态、动作、心理的语句,体会狐狸和大熊的不同之处。

（2）教师组织学生共同讨论、交流,帮助学生领会道理,引导学生联系生活经验发表看法。

2. 教师教授关注人物行为语言阅读法。

（1）教师引导学生关注、对比狐狸和大熊的行为和语言,请学生说一说它们各自的性格特点。

（2）教师总结阅读方法。

阅读时,找出人物的行为和语言,可以帮助学生更好地分析不同人物的性格特点。

3. 教师带领学生阅读故事内容,思考这篇文章讲了什么故事。

（1）同桌之间互相交流。

（2）教师请一个小组进行全班汇报。

4. 教师再一次细致讲解,通过关注人物的行为和语言,把握人物的性格特点。

5.教师引导学生思考:自己和朋友是怎么相处的?

第二课时

一、回顾故事内容和阅读方法

1.教师带领学生回顾故事内容。

(1)学生与同桌相互讲一讲上节课的故事内容。

(2)教师巡视,寻找学习效果好的小组,进行全班交流。

提示:向全班展示时,教师注意引导讲故事的同学表达清楚、聆听的同学认真听,养成良好的讲故事和听故事的学习习惯。

2.教师带领学生回顾阅读方法。

(1)教师提问:群文阅读法和关注人物行为语言阅读法是什么?学生举手回答。

(2)教师根据学生回答,结合上节课的具体例子,再次进行讲解或者补充。

二、体会故事中蕴含的科学知识

教师引导学生找出故事中的科学知识。

(1)教师带读故事内容。

(2)学生边听边思考:故事中有哪些科学知识?

(3)同桌交流,教师巡视指导。

(4)请学生举手回答,与全班分享。

(5)教师随着学生的回答进行板书:

　　植物能吃的部分可能长在地下,也有可能长在地上,还有可能长在果实的里面或者外面。

三、总结升华,交流感受

（一）分享阅读乐趣

1. 同桌之间互相交流:阅读完这本书后,哪个故事情节给你留下了深刻的印象? 为什么?

提示:引导学生进行完整表述,鼓励学生依据故事内容进行表述。

2. 学生举手回答,分享自己从阅读中得到的乐趣和收获。

3. 学生与同桌一起完成阅读游戏。

（1）教师带读题目,请学生根据题目要求自主完成阅读游戏。

（2）教师巡视,标注出现问题的内容,进行全班讲解。

（二）回顾阅读方法,延伸语文学习

1. 教师提问、同桌之间交流:本次我们学会了哪些阅读方法?应当如何运用?

2. 教师巡视,选择学生进行全班展示。

3. 教师出示学生以前学过的童话,和本篇故事进行比较,请学生找一找它们的相同点。

4. 教师引导学生说一说运用的是哪种阅读法,鼓励学生将阅读方法迁移到语文学习中。

（三）画植物果实,积累科学知识

1. 教师请学生拿出白纸、彩笔。

2. 教师向学生讲解如何绘制植物,包括果实。

每认识一种新植物,就可以在白纸上画出它们的果实。最后看看谁画的植物最多。现在,可以将故事中提到的植物画出来。

附录2 整本书分级阅读教学课例

——"书香少年整本书分级阅读课程"（节选）

《童年》阅读活动手册

第 一 章

阅读工具一

四步识人物

小说里有很多人物，悲惨的阿廖沙、可怜的母亲、善良的外婆、凶狠的外公等，这些人物都有着鲜明的特点，我们该如何记住他们呢？可以试着用用这几条小妙招：

1. 看外貌：记住最特别的点。

2. 看神态：猜猜发生了什么事。

3. 抓动作：看看人物在做什么。

4. 读语言：不同的人说话方式不同。

 人物猜猜看

第一章的情节中出现了很多人物，你能根据下面的线索猜出他们都是谁吗？请你把答案写在表格里，然后将对应的描写方式图标填在相应的位置。

外貌	神态	动作	语言
★	♥	●	▲

线索提示	人物	描写方式
1. 他那双快乐的眼睛上紧紧地盖着两枚黑色的圆铜币；和善的面容上脸色一片晦暗，两排难看的龇着的牙齿使我觉得怪可怕的。		
2. 她浑身圆滚滚的，脑袋大大的，长着一双大眼睛和一个滑稽的软塌塌的鼻子。		
3. "去和你爹说声永别吧，你再也见不着他啦，小乖乖。他死得不是时候，这个年纪他不该死呀……"		
4. 母亲艰难地猛一下站起来，又马上瘫软下去，背部向下翻倒在地，头发散落在地板上。		
5. 我走到门口。门打不开，铜把手转不动。我拿起牛奶瓶，用尽全力向门把手砸去。		
6. 她站在船边，双臂交叠在胸前，脸上挂着笑容，一句话也不说，双眼却含着泪水。		
7. 快步走在最前面的是一个瘦瘦的小老头儿，他穿一身长长的黑衣服，留一把赤金色大胡子，长一个鹰钩鼻，有一双绿莹莹的小眼睛。		

❤ 人物印象卡

在第一章的故事中，我们认识了阿廖沙、母亲、外公、外婆……哪个人物给你留下的印象最深呢？选择一个人物，结合故事内容写写这个人让你印象最深刻的地方。

人物印象卡

让我印象最深的人物是：＿＿＿＿＿＿＿＿＿＿＿＿＿

他／她让我印象最深的地方是（可结合外貌、神态、动作、语言等）：

＿＿＿＿＿＿＿＿＿＿＿＿＿＿＿＿＿＿＿＿＿＿＿＿＿

＿＿＿＿＿＿＿＿＿＿＿＿＿＿＿＿＿＿＿＿＿＿＿＿＿

阅读工具二

"景中有情"体会法

故事中，表达人物心情感受的方法有很多种，有的是通过景物描写表达出来的，比如外婆在轮船上看到远处景色时的愉快，"我"看到外公院子时的厌恶。想要体会景物中的情绪，你可以：

1. 读一读：出声朗读描写景物的语句。

2. 想一想：读完后这些语句给你什么样的感受。

3. 猜一猜：联系短文内容猜猜作者想表达什么样的感受。

附录3　幼儿园分级阅读教学课例

——绘本《我的宝石果》教学活动设计①

一、教学目标

1. 幼儿能够初步掌握"停下来想一想"的阅读工具,从而能够在阅读过程中遇到需要思考的问题时,停下来进行思考。

2. 能在提问式阅读过程中提出问题,并带着自己的疑问听故事,提升图片认知能力和阅读素养。

3. 对绘本《我的宝石果》的图画及内容感兴趣,能够理解应当保护自己的财产这一道理。

二、教学准备

每人一本《我的宝石果》图画书。

三、教学流程

环节一　导入新课

(一)目标:激发幼儿对绘本《我的宝石果》的阅读兴趣。

(二)流程:

1. 回顾马特人,谈话导入。

教师提问:小朋友们,今天老师请来了我们的好朋友(出示马特

---

① 本文作者为郑菲洋,王蕾。

人图片),他们是生活在正义岛上的马特人,小朋友们还记得这些可爱的马特人吗?

2. 引发幼儿思考为什么绘本的名称是《我的宝石果》。

教师提问:请小朋友们想一想,你们觉得绘本的名称为什么是《我的宝石果》? 再发挥想象猜一猜,宝石果是什么呢? 关于宝石果又会有怎样好听的故事呢?

小提示:导入环节需要根据上课情形灵活处理,也可直接进入环节二。

环节二　封面封面我问你

(一)目标:观察封面,并提出自己的问题。

(二)流程:

1. 让幼儿观察封面。

2. 引导幼儿根据封面提出问题。

教师提问:观察绘本《我的宝石果》的封面,你想提什么问题?

3. 教师记录问题(可将问题记录于白板上,让幼儿知道他的问题老师都作了记录),对问题不用作解答。

环节三　故事内容导入,幼儿对首幅图画提问

(一)目标:能够对正文的第一幅图提出问题,对故事的发展产生好奇。

(二)流程:

1. 幼儿观察第一幅图画,说出图画表达的内容。

教师提问:请你观察这幅图画,这幅图说了什么?

2. 针对首幅图画,请举手发言的幼儿各提出一个问题(不需要所有幼儿都提出问题)。

教师提问:你对这幅图有什么想了解的吗? 大胆提出你的问题!

3. 教师记录问题(可将问题记录于白板上),对问题不用作解答。

教师指导:老师把小朋友们提出的问题记录在这里,让我们带着问题走进《我的宝石果》。

环节四　教师讲故事,幼儿带着问题听故事

(一)目标:幼儿能够听懂故事,在关键画面处停下来想一想;能够理解财产规则,并在能够分清楚"我的财产"和"你的财产"的基础之上,懂得保护自己的财产。

(二)流程:教师讲述绘本故事,幼儿观察图画听故事,激发幼儿的思考。

1. 教师讲述绘本 1—4 页的故事内容,幼儿倾听。

2. 教师讲述绘本 5—10 页内容,每页停顿,引导并向幼儿进行讲解,当故事中出现疑问句,或者一些重点图画、重点内容时,不必着急继续读下去,适当停顿。此环节请幼儿听故事、观察图画并进行思考。

教师提问:① 请小朋友在本幅画面中停留一会儿,认认真真回顾老师刚才讲解的内容并仔细观察图画思考,想　想,有没有问题要问?

② 这个宝石果是属于哪个马特人的?

③ 你认为拿走宝石果这件事情是正确的还是错误的?

3. 教师讲述绘本 11—16 页的故事内容,幼儿倾听。

4. 教师讲述绘本 17—18 页内容并适当停顿,请幼儿听故事、观察图画并进行思考。

教师提问:① 请小朋友在本幅画面中停留一会儿,认认真真回顾老师刚才讲解的内容并仔细观察图画,想一想,有没有问题要问?

② 请你说一说,马特人应当如何保护自己的宝石果?

5. 教师讲述绘本19—21页的故事内容,幼儿倾听。

6. 教师讲述绘本22页内容并适当停顿,请幼儿听故事、观察图画并进行思考。

教师提问:① 请小朋友在本幅画面中停留一会儿,认认真真回顾老师刚才讲解的内容并仔细观察图画,想一想,有没有问题要问?

② 你认为他该不该拿走宝石果呢?

7. 教师继续讲述绘本内容,直至结尾。

环节五 回顾故事,提出新问题

(一)目标:能对故事整体有思考,提出问题并能与大家交流。

(二)流程:

1. 教师回顾故事内容和问题清单,询问幼儿最初的问题是否已解决。

2. 启发幼儿不断思考,提出新问题。

教师提问:我们刚刚听完了整个故事。关于这本书你现在还有什么想知道的吗?

3. 请幼儿分享问题,如下方式根据课堂实际情况择一:

方式①:请小朋友举手发言提出自己的问题,教师将问题记录于白板上。

教师提问:谁愿意来和我们大家说说你提出的问题?

方式②:请4—5位幼儿组成一组讨论,与同伴互相说说自己想知道的问题。教师参与其中,引导、倾听幼儿提问,并记录提问次数较多的共同问题于白板上。

环节六　教师总结并提出阅读工具——停下来想一想

（一）目标：掌握阅读工具——停下来想一想。

（二）流程：教师总结故事内容。

教师初步为幼儿讲解"停下来想一想"这一阅读工具，使幼儿更加明确在阅读过程中可以适当地停顿和思考，从而更好地理解绘本的故事内容。

附录 4　家庭教育应用活动方案示例

——"非凡阅读"(节选)

一、阅读材料:童趣诗歌伴我成长

小树林与火(节选)

[俄]克雷洛夫

交朋友,

要注意,

私利如果蒙着友谊的面具,

只会坑害你。

请听我讲一个故事,

你会更懂得这一真理。

冬天的小树林边残留着一堆火,

那是过路人遗留在这里的。

柴薪将尽,

火已是奄奄一息。

······

这事不足为奇:

谁叫小树林同火讲友谊!

(裴家勤　译)

写给我的同学们(组诗)(节选)

张秋生

狗 尾 巴 草

当两棵

狗尾巴草

吵架的时候

……

它们也能

憋着满肚子的话?

紫 云 英

阳光,给了紫云英

温暖的

　光照和抚爱。

……

要让你,说声

　谢谢,谢谢呢?

数 年 轮

森林里,一片寂静

一棵老树桩

　　在晒太阳。

……

在那时，我们一起

回忆，回忆我们

　　灿烂的童年时光……

谁见过风（节选）

［英］克里斯蒂娜

谁也没见过风，

无论是你，无论是我。

……

（马丽　译）

二、家庭阅读活动方案样例

（一）阅读目标

1. 三年级阅读能力

（1）阅读内容：逐步适应阅读以文字为主的文字书。

（2）阅读方式：独立阅读，并初步学会默读。

（3）阅读流畅度：能够流畅阅读中短篇作品，了解作品主要内容。

（4）阅读习惯：对于不认识的字词能够借助工具书查询或者和其他人进行讨论。

（5）阅读评价：能够在阅读后与他人讨论作品内容，有依据地发表自己的看法。

2. 本单元阅读目标

（1）能够独立阅读本单元的三篇作品，并且掌握文章的大概内容。

（2）通过阅读本单元作品，初步感受诗歌的韵律美。

（3）寓教于乐，通过诗歌掌握正确的交朋友的方法，学会珍惜与满足。

（二）指导建议

1. 阅读中，孩子和家长各自独立阅读文本，引导孩子形成自己的阅读体验。

2. 家长依照阅读指导方案与孩子形成积极交流，如表达各自的观点、续编儿歌进行互动等。

3. 借助阅读指导方案和阅读游戏，教授孩子一些阅读方法，如制作故事地图。

4. 试着引导孩子感受诗歌的韵律美，体会诗歌蕴含的深刻道理。

（三）阅读指导方案

1. 阅读前——主题讨论

亲爱的爸爸妈妈，请您带着孩子在阅读前，就"我喜欢的儿童诗"一题展开小讨论。整个讨论可以借助附图 A 中的主题讨论思维图完成，填写者可以是孩子，也可以是您自己。

如果孩子有很多想法，您可以引导孩子先列举几首诗歌，并讲讲喜欢的原因。

如果孩子没有想法,您可以先做一个示范,用举例子的方法打开孩子的思路,并留出充足的思考时间,使孩子可以更好地融入话题中。

此外,您还可以借助这样的问题来引导孩子:你认为真正的友谊应该是什么样的? 你认真观察过身边美丽的小事物吗? 你见过风吗?

2. 阅读中——文章探测

亲爱的爸爸妈妈,现在请您和孩子各自独立阅读本单元的三篇文章,阅读时请分别用直线和曲线圈画"我喜欢的"和"我不懂的"内容(情节、人物、词句等均可)。

如果孩子没有类似经验,请您为孩子讲清楚圈画内容后,先为孩子做个示范,让孩子明白如何圈画。

如果孩子可以完成圈画任务,请您另准备一份内容相同的材料,与孩子开始同步阅读和同步圈画。

阅读中请注意放慢速度,尽量与孩子保持一致。

3. 阅读后——阅读游戏

亲爱的爸爸妈妈,阅读后的指导与交流是非常重要的,既要帮助孩子解决阅读中的问题,也要引导孩子借助适宜的阅读方法来加深对文本的理解。

如果孩子遇到的问题是不认识的生字词、不理解的句式或与文本内容有关的简单问题,请您带着孩子迅速解决。

如果孩子遇到的是阅读中较难的问题,可以并入后续的阅读游戏一起解决。

如果阅读游戏完成后,孩子仍有问题未解决,请您带着孩子进行二次阅读,讨论解决。

您可以通过以下几种方式,帮助孩子全面理解、掌握本单元的内容。

(1) 文章探测。

请您和孩子交换彼此圈画的内容,进行简单的讨论:我为什么会这么圈画?

(2) 阅读游戏。

① 故事地图(帮助孩子理清诗歌思路)

请孩子选择一首喜欢的儿童诗,按照"人物、地点、起因、经过、结果"几个要素填写故事地图(见附图 B)。如果孩子能力较强,您也可以带着孩子一起创作一张故事地图。

② 问题纸条(解决诗歌中的关键问题)

请您和孩子各写五个问题在纸条上,然后抽取对方的问题纸条,互相回答。

③ 诗歌创编(结合文体特征创编儿童诗)

儿童诗的韵律优美,传达出的道理深刻、耐人寻味。请您和孩子挑选一首喜欢的儿童诗,如《谁见过风》,进行续写(诗歌创编图见附图 C)。

附图 A:主题讨论思维图

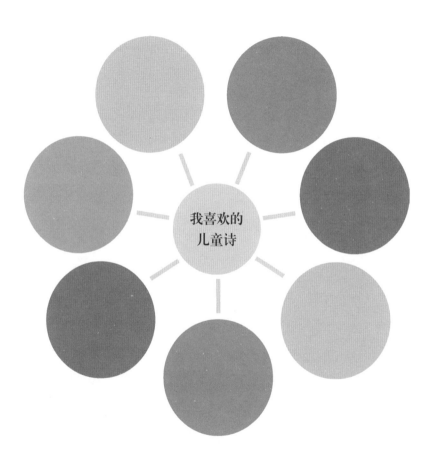

附图 B:故事地图

人物:

地点:

起因:

经过:

结果:

附图 C:诗歌创编图

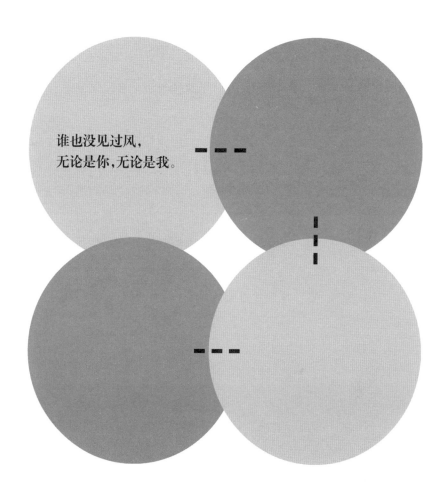

谁也没见过风，
无论是你，无论是我。

结　语

　　"鎏阅"分级标准作为国内首个中文分级阅读学术标准，自发布以来受到了社会各界的广泛关注，但是阅读作为以多元书面语言符号为载体的行为，笔者认为不可能也不应该只有一种标准存在。

　　十年前有关分级阅读的讨论中，很多声音都指向了寄希望于政府或学术单位来正本清源，统一分级阅读标准，以便规范读物的分级出版。但不可能由一种绝对的量化工具来"规范"所有的学习资源，因为语言学习的实质在于运用，要提升运用能力，务必要广泛地汲取不同类型的资源。从这个角度而言，分级阅读只是阶段化的语言学习工具。儿童在 3—12 岁时，通过一些系统化的分级阅读教育资源，集中、系统、阶梯化地学习阅读策略，培养阅读习惯，持续建立对阅读的情感，从而学会阅读，爱上阅读。当然，在这个阶段除了分级阅读资源外，儿童还应该用学会的阅读方法扩大自己的阅读量，读一些创作上没有自觉分级意识的优秀作品，比如优秀的原创纯文学作品、世界经典文学作品、非虚构的百科知识读物等。这些作品一时半会儿读不懂没有关系，可以用分级阅读教育中学会的阅读策略"连滚带爬"地读、"停停走走"地读。分级阅读资源与非分级优质资源的互补使用，才是儿童阅读的适宜通路。

图书在版编目（CIP）数据

中文分级阅读首个学术标准："鉴阅"标准解读与多维应用/王蕾编著.—上海：上海教育出版社，2024.11.—（中文分级阅读教育丛书）.—ISBN 978-7-5720-3177-9

Ⅰ.G613.2；G633.332

中国国家版本馆CIP数据核字第2024XA6303号

责任编辑　余　地
封面设计　肖禹西

中文分级阅读教育丛书
中文分级阅读首个学术标准："鉴阅"标准解读与多维应用
王　蕾　编著

出版发行　上海教育出版社有限公司
官　　网　www.seph.com.cn
地　　址　上海市闵行区号景路159弄C座
邮　　编　201101
印　　刷　上海颛辉印刷厂有限公司
开　　本　890×1240　1/32　印张 4
字　　数　90 千字
版　　次　2025年1月第1版
印　　次　2025年1月第1次印刷
书　　号　ISBN 978-7-5720-3177-9/G·2808
定　　价　38.00 元

如发现质量问题，读者可向本社调换　电话：021-64373213